列車が入線してくる。ゴアにて。ユーイチ撮影

ホームはそっちじゃないだろ！

電車を待っている時はウキウキしてくるが、なかなかやって来ないのがインド

ようやく到着！長時間の移動は疲れる
ユーイチ撮影

線路は続くよ、どこまでも

ガンジス河で水浴びをしているが、水質は最悪です

聖なる河、ガンジス

インドではオートリキシャの世話になるが値段交渉は必須

ゴアの宿にいた番犬。客には平等に吠える

フォート・コーチンの女子高生。笑顔が素敵です。ユーイチ撮影

スーパーマーケットでチャパティを製造するマシーンを初めて見た

ジャイプール駅から宿までの空地では野良犬、野良牛、ヤギが仲良く食事していて長閑だ

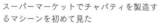

オールド・ゴアにある
「ボム・ジュム」教会

コルカタのニューマーケットはにぎわっている

香辛料が山盛り！　コーチンにて。
ユーイチ撮影

バラナシの街を歩くと、遺体を運ぶ人たちに遭遇します

インドの駅の特徴として、このように人が昼間から寝ている。

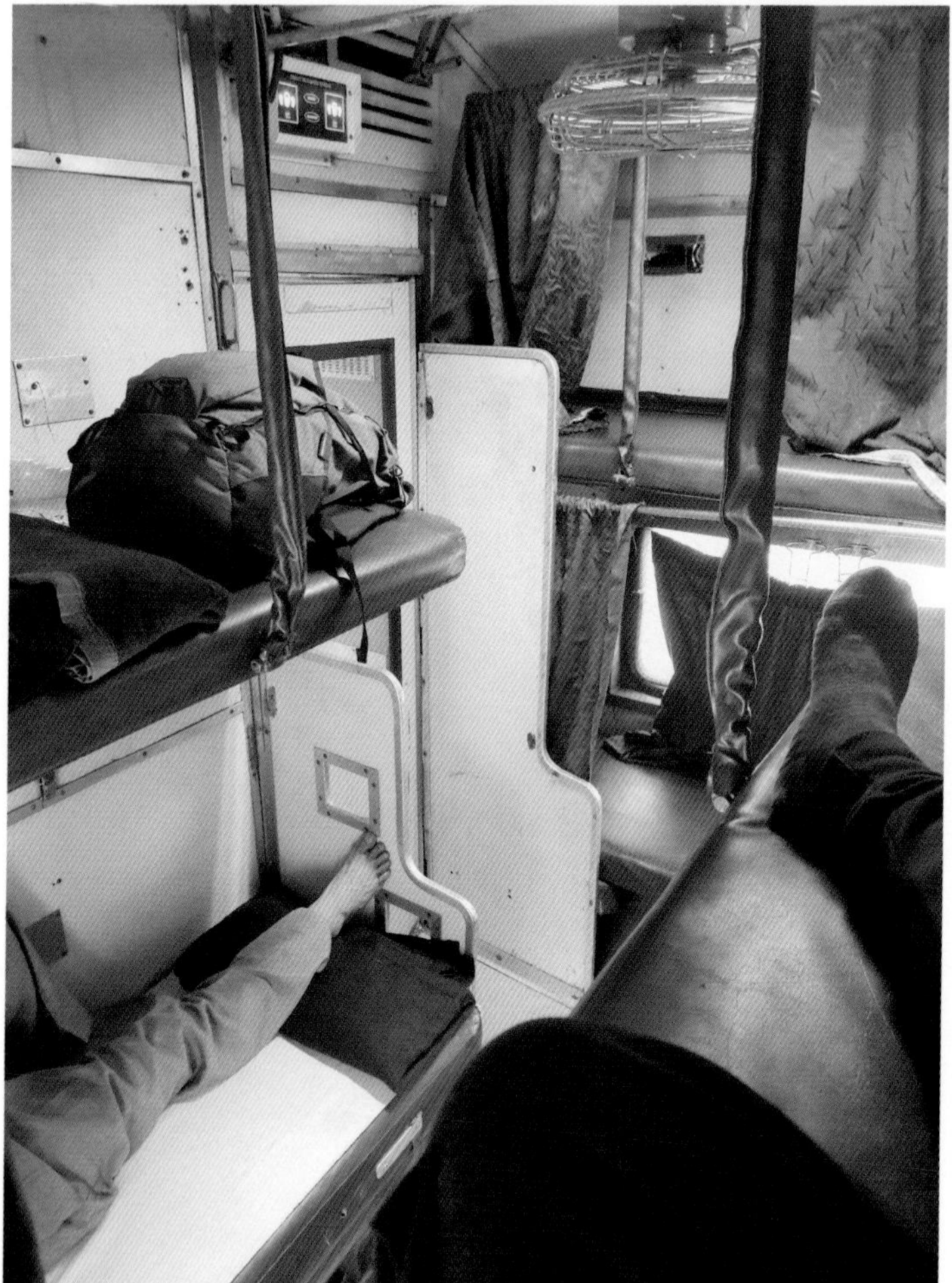

インド鉄道の上から二番目のクラスの座席。上段はあまり居心地良くないです

駅では地べたに座って時間を潰している人が多い

子供二人連れてお母さんは大変。オールド・デリー駅にて

これから列車に乗り込みます！　車両が思ったよりも汚いのでテンション下がる

わたしの旅ブックス
050

インド超特急！カオス行き

嵐よういち

産業編集センター

まえがき

殺人的な暑さだ！

ニューデリーの空港から一歩外に出た瞬間、俺は来たことを早くも後悔した。スマホで気温を調べると42℃。おまけに世界で一番空気汚染が酷いとされているこの街は、空気を吸うだけで不快感が増してくる。空港に降り立った時から相棒のホッシーは咳を連発しているし、この旅に早くも不安感が漂ってくる。

インドと聞いて、皆さんは何をイメージするのだろうか？ カレー、ターバン、象、そんなところだろうか。だが実際に訪れると、そんなことはどうでもよくなるほど刺激的すぎる国だ。昔からインドはハードだと旅人の間では知られている。人は一筋縄ではいかず、ぼったくりにあい、腹痛も起こり、激しい下痢を発症して仕方なく帰国してしまう人もいる。

俺は過去三回も訪問しているが、感想は「嫌いで二度と行きたくない」だった。

インドは一回ハマると何回も通ってしまうようだが、俺の周りの旅人は酷い思いをして二度と御免だという人が多い。俺もそのタイプだ。そんなこんなで俺は13年間も行っておらず、これからも訪問することはないと信じていたのだが、他国を旅しているうちに無性に刺激が欲しくなってきた。普通の国はある程度の常識が通じるため、それが当たり前になりマンネリ化してしまう。その反面、インドは日本人の常識は通じず、正直わけがわからないことばかりだ。行けばストレスがマックスになるのは確実だが、なんだか刺激を求めている自分がいた。これがインドの魅力、魔力なのかもしれない。それにイベントなどの発信する場所ではインドの話はウケる。旅人同士の話でもとにかく盛り上がり、なんだかよくわからないがインドには助けられている部分はある。

「嫌い」だけで済ますことはしないで、今回、インドを一周して改めてゆっくり見てこようと思った。思い出だけでその国を批判しても恰好悪いし、一応、旅行作家を名乗っているからには、13年ぶりに変化を見てこよう。それにはテーマが必要だ。俺は列車に乗るのが好きで世界中で利用しているのだが、皆に意外な顔をされるのは、インドの列車には一度も乗ったことがないのだ。よし、じゃあ列車でインドを一周しようじゃないか。現在、インド鉄道はネットで予約が出来る。キャンセルや遅延も多いようだが、もしトラブルが起きて乗れなかった場合は……その時に考えればいい。

インドのことを好きになれるとは思わないが、少しでも理解したいし、今までの誤解などを払拭したい。それが目的でもある。

今回のコースは全て列車で移動する。首都のニューデリーからスタートし、南下してジャイプール、更に西のムンバイへ。そこから反時計回りにプネー、ゴア、コーチン、チェンナイ、コルカタ、バラナシ、そして最後にニューデリーに戻ってくるルートだ。およそ5週間はかかると見ている。

どんな旅になるかお楽しみいただきたい。

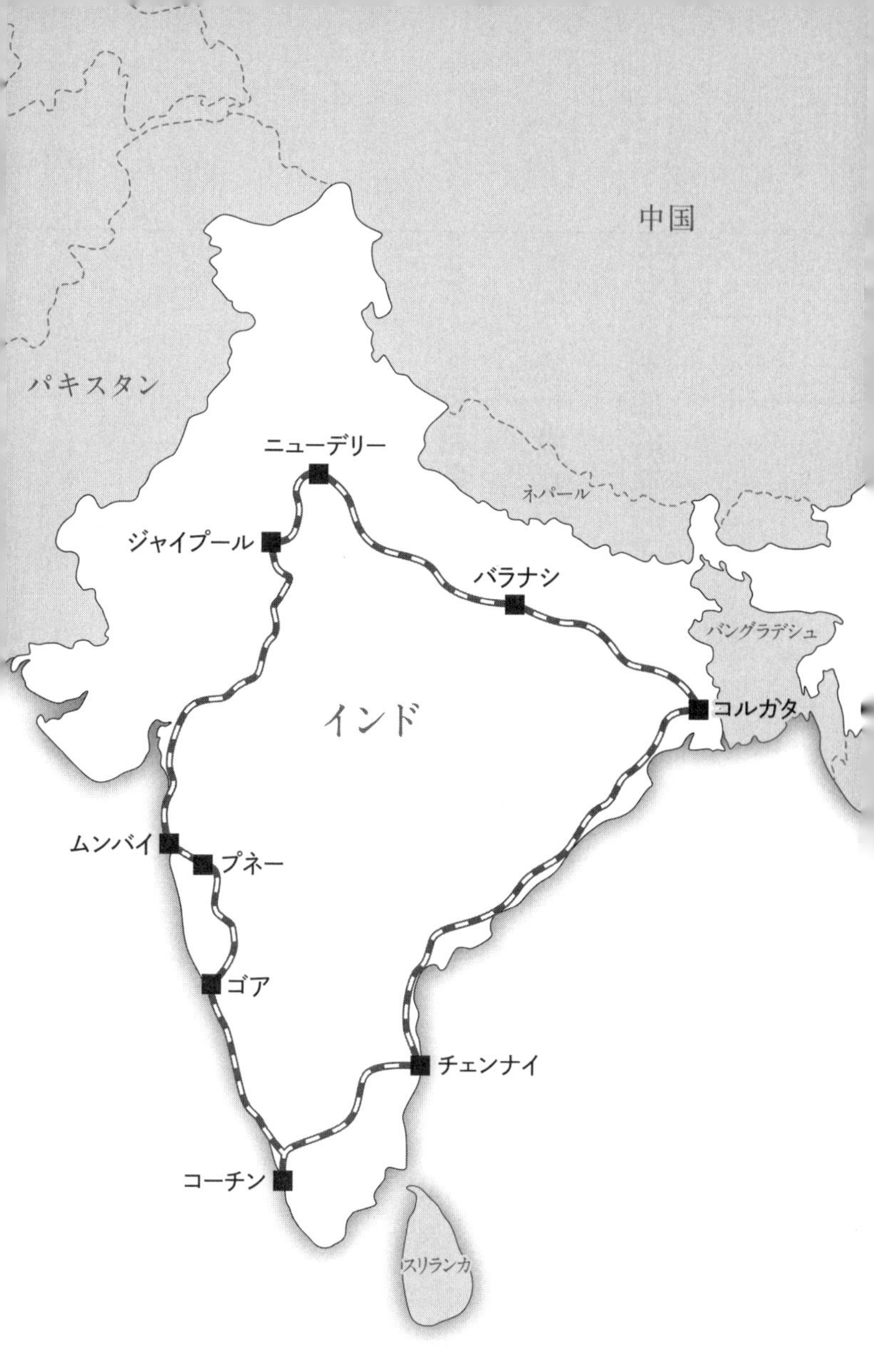

中国
パキスタン
ニューデリー
ネパール
ジャイプール
バラナシ
バングラデシュ
インド
コルカタ
ムンバイ
プネー
ゴア
チェンナイ
コーチン
スリランカ

インド超特急！カオス行き　目次

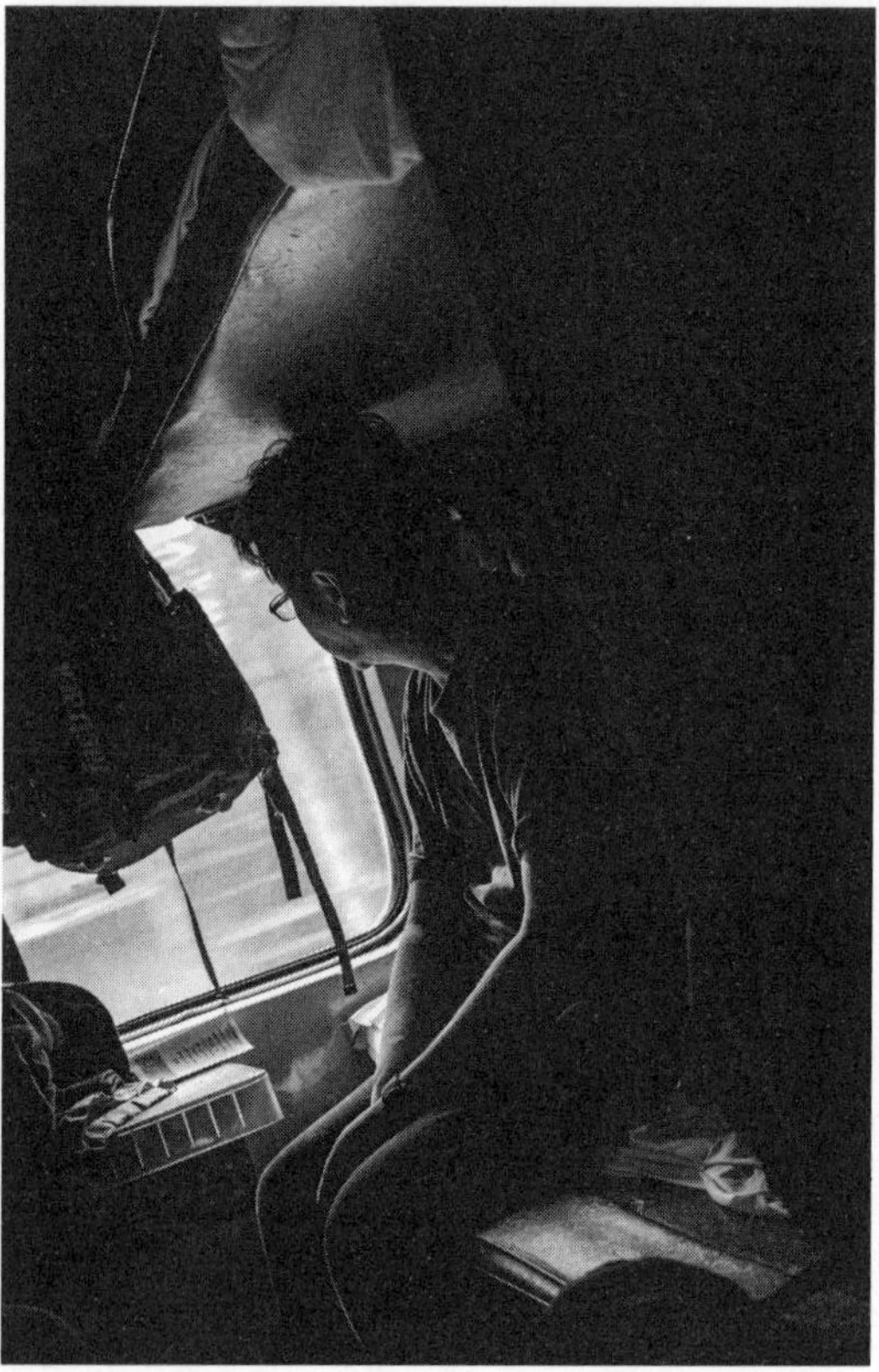

第一章

混沌のニューデリー

18年ぶり、ニューデリー空港からの注意

ニューデリーの空港から中心街までの移動は昔からトラブルが多く、被害者が絶えなかった。現在ではメトロがニューデリー駅まで通っているが、それでも問題が多いようだ。プリペイド・タクシー。先にタクシー・カウンターで金を支払い（後払いのパターンもある）、レシートをドライバーに渡し、行先を告げるだけで目的地に連れて行ってくれる便利な移動手段だが、ここはインド。この空港からのプリペイド・タクシーは乗車したら運転手に「このホテルは閉鎖されているから僕の知っているホテルに行こう」と他のホテルに連れて行かれて不当な額で泊まらされるはめになったり「旅の予定は？　僕の友達が旅行会社を経営していて安くなるので連れて行く」と強引に連れて行き、ツアーなどを組ませられる際に拒否したら軟禁され、半分脅されて不当な金額を支払うはめになったり、あるいは、乗ったらすぐに第三者が助手席に乗ってきてカツアゲしてくるなど、とてもまともな国ではありえないようなことばかりだったのだ。

1998年、俺の友人の秀ちゃんは夜遅くに空港に到着してプリペイド・タクシーに乗って安宿街があるメインバザールに向かおうとすると、助手席に人が勝手に乗り込んで

きた。そして断ったのに強引に旅行会社に連れて行かれた。「××行きのチケット買え」としつこく言われ、断ると個室に軟禁されて、外から鍵をかけられた。翌朝、「もう帰れ」と釈放されたがこの孤独な夜を今でも忘れないという。ちょうど、その時期に友人のいとこが空港から街までの間で殺された。インド警察から母親の所に連絡があってバラバラ死体で発見されたという。そして同時期、オーストラリア人女性もこのルートで殺されている。

俺も2005年にこの空港の国内線に降り立って、プリペイド・タクシーを使った。この時のことを拙著『海外ブラックマップ』（2006年　彩図社）から抜粋してみたい。

俺はタクシーに荷物ごと乗り込む。こうすればなにかあったら荷物を持ってすぐに逃げられるからだ。俺が中に入ると助手席に人が乗ってきやがった。抗議しようと思ったが、昼間ということもあり、こっちも強気だ。

車が走り出すと、助手席の男がフレンドリーに話しかけてくる。旅行者に対してフレンドリーに話しかけてくるなんて100パーセント何か企んでいる。俺は不愛想に答えた。

車はしばらく走り、脇道に入った。そして人通りの少ない場所で停車した。俺はすでにブチ切れそうになっていた。ふざけたことを言ってきたら許さん。

ドライバーが言った。

「あと100ドル払わないとメインバザールに連れていかないよ」

「え、聞こえねえよ」

「あと100ドル払わないと連れていかない」

「あのよ、俺耳遠いんだけど。早くとっととメインバザールまで行けよ。行け!」

俺はドライバーの目を睨みながら言った。すると二人でなにか話し「チェッ」みたいなことを言って車が走り出した。再び助手席の男が聞いてくる。

「デリーからの旅行の予定は?」

「日本に帰るだけだ。もうチケットもある」

「ホテルは予約してあるのか?」

「あそこに行けばたくさんあるから予約なんて必要ないよ」

そう答えたら、もうなにも言わなくなった。

現在ではメトロでニューデリー駅まで行く人が増えたようだが、メトロの駅から中心街のメインバザールに行くのに、国鉄のニューデリー駅に繋がる橋を渡る必要があり、しかも少し距離がある。そこに悪党達が張っている。

「この橋を通るのにチケットが必要だ」「この先は封鎖されているからオートリキシャで行かないとだめだ」「どこのホテルに泊まるんだ？　そこはもうやってない」「旅行の計画はあるのか？　俺の知り合いが旅行会社を経営していてかなり安いのでそこまで連れていく」など、どれも旅慣れている人なら絶対に引っかからない誘い文句だが、それに騙される人も多い。ガイドブック、ネット、旅系YouTubeで予習してないのだろうか？　それとも萎縮してしまうのか。

これを読んでいる人はインドに興味があるはずなので、被害を少なくする為に、日本大使館からの注意事項も記載したいと思う。

一般犯罪発生件数は増加傾向が継続しており、特に、強盗、強姦等の凶悪犯罪は、他の主要都市と比較しても高い水準にあります。武装強盗事件やオートバイ等を使用したひったくり等の犯罪はデリーのみならず、近郊都市のグルガオンやノイダにおいても発生しており、注意が必要です。

デリー空港から市内に向かう際にタクシーやオートリキシャ（三輪タクシー）を利用し、連れて行かれたホテルから高額な宿泊料金の支払いを要求されたり、旅行会社に無理矢理連れて行かれ、高額なツアーを組まされたりする被害が頻発しています。特に安宿街で有名なデリー駅前のパハールガンジ、カロルバーグおよびそれに隣接するコンノートプレイス周辺の旅行会社は注意が必要です。例えば、本来一泊10米ドル程度のホテルの宿泊料を200～300米ドルにつり上げられたり、数千米ドルのツアーを無理矢理組まされたりするといった例も珍しくありません。これは、タクシーやオートリキシャの運転手が悪徳ホテルや旅行会社と結託しているケースがほとんどで、このような被害に遭わないため、デリー空港から市内へ移動する際は事前にホテルを予約し、旅行会社やホテルが手配したドライバー付きレンタカーやタクシー、地下鉄を利用してください。

デリー旧市街や市内の遺跡等外国人観光客が集まる地区では、外国人旅行者を狙った睡眠薬強盗が頻発していますので、見ず知らずの他人から勧められた飲食物は、決して口にしないでください。（在インド日本国大使館）

ビッグアップル

日本から一緒に同行するホッシーという男は映像カメラマンで、友人の紹介で知り合ったアラフォーの優しい奴だ。俺と旅行するのも今回で三回目になる。空港から宿があるメインバザールまではメトロで行こうと思っていたが、旅の最初は安全がいいだろうと、宿にピックアップサービスを頼んでおいた。それにわずか14ドルの安さなのだ。宿の人の忠告によると、「空港は変な奴が多いから指定された待ち合わせ場所から動かないように」。そして「合言葉

国鉄ニューデリー駅の入口。これを見ると少しテンションが上がってくる

は〝ビッグアップル〟なので、必ずドライバーに確認するように」と伝えてきた。

ホッシーと二人で空港を出ると俺の名前の書いてある紙を持っている60歳ぐらいの男を発見した。俺と目が合うと相手は微笑む。そして俺が言う。

「合言葉は?」

「………」

言わないのかよ!

ホッシーは笑っている。ドライバーの後ろについて駐車場まで歩いて行くが、頭がクラクラするほど暑い。42℃は俺の人生では経験がない。5月終わりのニューデリーは殺人的な暑さでドライバーも言う。

「この時期は暑すぎて困るよ。1月、2月がベストだね」

メインバザール

車は走り出す。インドに来るのは13年ぶりだが、ボロボロの車ばかり走っていた昔よりも綺麗になったと感じるものの、相変わらずの渋滞があり、そこは進歩していない。それにどいつもこいつもクラクションを鳴らしまくり煩いったらない。どうしてこれほど相手の事を全く考えずに鳴らしまくるのか。もし独裁者がいて「クラクション禁止令」を出したらインド人はストレスが溜まって死んでしまうか、交通事故が多発するに違いない。そんなことを考えていたらタクシーはメインバザールに入った。相変わらずの車、リキシャ、人、犬、牛、独特の臭い匂い。懐かしさを覚えると同時に何か得体の知れないパワーを感じてしまう。

宿に到着してオーナーと世間話をする。彼によると5月は暑すぎて観光に適さないようだ。「12月~2月がいいよ」なんて言う。

宿泊費はクレジットカードで払おうとしたが、なぜかダメであった。予約する時にOKだったのでここを選んだのだが、なんでこうなるのか。机には大きな台帳があり、そこに細かくいろいろと記入しないといけないのが面倒だ。例えば昨年行った東欧だと、パスポートを見せるだけで簡単だったのに。このような面倒なシステムが残っているのもインドらしい。

ホテルはツイン朝食付きで一人1400円。少し休んで俺たちは飯を食いに行くことにした。インドはその辺のレストランでは酒を置いていない。宗教上、あまり好ましくないという認識で、それに酒を置く店は高いライセンス料がかかり、酒税も高いという。ただそれも州によって法律やルールが異なるようだ。俺とホッシーは酒が好きで、その辺で飲めない&売ってないだけでストレスが溜まってしまう人種だ。初日はビールで乾杯したいので、バーを見つけてそこに向かうことにした。

　メインバザールは昔からインドを旅するバックパッカーたちが集結する場所だ。ニューデリー駅前から延びる約1キロにホテル、旅行会社、両替所、レストランなどがたくさんある。正式な地名はバハールガンジだが、どちらでも通じる。

　メインバザールは凄い人だかりで、歩くとウザい連中がさっそく話しかけてくる。俺は

メインバザールは多くの旅行者が集まる、ニューデリーの顔だ

目も合わせずに完全に無視。ホッシーは相手にしたいようで一応、質問に答えている。二人を適当にあしらうと、顔が大きく背の低い男が、日本語でホッシーに話しかけている。「僕は日本人が好きでレストランを経営している。あれ？　僕の店は君のホテルの前だよ。食べに来てよ」

本当かどうか知らないがこんなことを話してくる。俺は全く相手にしなかったのだが俺に向かって「僕は怪しくないよ。日本人が好きなだけだ」と言っている。近くで見るとモグラみたいな顔をしている。

ニューデリー駅の前まで来た。人波のせいで道を渡るのも一苦労だ。信号はなく、クラクションが絶え間なく鳴り、車とリキシャは人に譲る気が全くないので、地元の人の後について渡ることになる。

駅の前にはレストラン街があり、少し覗いてみるとどの店も美味しそうなのだが、この時間でも37℃ぐらいあり、クーラー無しの場所では食べたくない。線路沿いを歩くとバーがあった。中に入ると薄暗く、クーラーが寒いくらい効いている。そして男しかいない世界だ。一般的にインドのバーは料理があり、薄暗いのが特徴だ。あまり明るく派手にすると、それを良くないと思う人がいるのと、法律かなにかで煩いのだろう。値段は高いので、下の階級の人は来られない。そのような店では上流階級が来るからか、料理が美味しいのが特徴だ。

さっそくインドの有名ビール、キングフィッシャーで乾杯。味は馬糞みたいな風味がしてあまり美味しいとは思えないが（個人の見解です）、市場のシェアが全体の三分の一以上あって、インド国内で最も人気の高いビールだ。カレーとチキンは美味しいものの、店内はゴミゴミしているし、皆ジロジロと見てくる。居心地悪いし、暗いのにも慣れないので1時間ぐらいで店を後にした。

キングフィッシャー。味はイマイチだがインドにいると飲みたくなるから不思議だ

リキシャには気をつけろ

昔からの混沌としたインド世界が広がっているのがオールドデリーで、イギリスが作った近代的な街がインドの首都、ニューデリーだ。朝食を宿の屋上に食べに行ったが、朝8時で気温は33℃もある。飯を食べたらオールドデリーとコンノートプレイスを観光し、13時には宿に戻ろうということにした。40℃以上の気温では体が心配だからだ。

朝飯は簡単なサンドイッチ、カレー味のチャーハン、バナナ、マンゴージュース、紅茶。それを食べながらホッシーが言う。

「今日、早く起きて5時半頃にこの辺りを散歩したんですけど、朝から人は多く、ウザい奴が声をかけてくるし、日本人の若い男の人もしつこい奴に付きまとわれていましたよ。あ、それから昨日歩いていた時に日本語で話しかけてきた奴」

「あ、モグラ？」

「なんすか、モグラって？」

「モグラに似てるだろ、ところでどうしたの？」

「相変わらず嵐さんは勝手にあだ名を付けますね。彼、そこの前にあるレストランのオーナーでしたよ。さっき、チャイを奢ってもらいましたよ」

「本当にオーナーだったんだね」

「そんで酒を買っておくから、夜に食べに来いと言われたので、そこで今晩食べましょう」

俺たちはまずチャンドニーチョークに向かうことにした。オートリキシャとタクシーは不当な値段をふっかけてきてトラブルになるので地下鉄を使えるのはありがたい。昔はなかったので大変だった。

俺の友人に、ライターで編集者の藤山六輝さんという男がいるが、彼も若い時に被害を受けている。

藤山さんはメインバザールからラールキラーというムガル帝国時代の城塞に行こうとオートリキシャと交渉した。30ルピーでＯＫだったので乗り込んだ。走り出すと運転手が寄り道を提案してきた。

「知り合いが土産物屋をやってんだ。そこに行こう」

やんわり断ると、男はどこかに電話をかけ始めた。しばらくすると道端で突然オートリキシャが停まり、二人の男が藤山さんを挟み込むように乗り込んできた。そしてフレンドリーに話しかけてくる。その後、運転手は何度も土産物屋の前で停車し、その間、勝手にデリーの歴史などをペラペラ話してくる。

藤山さんは語気を強めて「早くラールキラーに行ってくれ」と言うと奴らは押し黙った。すると、運転手がハンドルを切り、猛スピードで路地裏に入った。そこはスラムみたいだった。そして男の一人が藤山さんの肩に腕をまわし、低めのトーンでこう言う。

「おい、ガイド代で700ルピーだぜ」

完全に強盗である。

藤山さんは30ルピーの約束で、そもそもガイドなど頼んでいないと抗議するが相手は「わかってないな。俺たちはマフィアで、アジトの近くにいる。金を払わないと仲間を集めてぶっ殺すぞ!」

藤山さんは悔しいがビビッてしまい金を払ってしまった。その代わり目的地までは行ってくれと嘆願して連れてってもらったが、奴らが勝ち誇ったように去る姿を悔しくて今でも忘れられないそうだ。更に最悪だったのは、着いたらラールキラーは休館日だったそうだ……。

このような危険な事態になったら金が命を救ってくれるわけなので払って正解だが、もし今の俺がこのシチュエーションになったら、男が二人乗り込んできた時点で有無を言わせずリキシャを降りて、約束の金を払って歩いてその場から去り、違うリキシャを捕まえるだろう。インドでは「相手に悪いからそんな態度をとれないよ」とか、一切考えない方がいい。

灼熱のニューデリー

チャンドニーチョークに行くつもりが、降りる駅を一駅間違えてたくさん歩く羽目になる。通りには狭い路地がいくつもあり、サイクルリキシャやバイクがひっきりなしに通る。交通量がない路地に入ってみるが、暑さで旅の旅情を味わう余裕はなく、もう移動したくなってきた。

頭もボ〜としてきたので地下鉄でコンノートプレイスに移動した。コンノートプレイスとは、1931年、イギリス植民地の時代に計画都市の一環として造られた商店街だ。

サークルが内外、二重構造になっていて、店、レストラン、旅行会社などがあるが、ウザい奴や詐欺師たちが多いのは昔から変わらない。

地下鉄の中と駅構内は空調が効き、地上とは別世界で過ごしやすい。水を買って大量に体に入れる。コンノートプレイスに着いたが、40℃を超えるとまともに歩けなくなる。周辺は高級なショップが連なるが客は少ない。ユニクロがあるので中に入ってみると涼しい。値段は日本で購入する方が安いが、金持ちそうな紳士が服を選んでいる。再び外に出てみるがもう嫌になってくる。

「ホッシー、こんなクソ暑い時期に誘って申し訳ないね」

「いや、これも経験ですからいいですよ」と笑っている。優しい男だ。とにかくカフェに入って休もう。俺たちはアイスコーヒーを注文した。客は外国人ばかりだ。それにしてもコンノートプレイスは嫌な思い出しかない。

2005年にメインバザールから歩いてコンノートプレイスに向かったが、その途中でオートリキシャの男がしつこく誘ってくる。断ると先回りしてまた同じ奴。無視していると「なに、無視しているんだよ」と脅してくる。その繰り返しで、店を見ようとしてもウザい奴がそこら中にいて付きまとってきた。嫌な連中ばかりで疲れたので宿に戻ろうとすると、少年と大人の二人が寄ってきて勝手にガイドをしてくる。キツく断ると少年が「ミスター」と俺を呼ぶ。見ると俺を見ながら「ミスター、ファック・ユー」と言ってきたのだ。とんでもないことである。

そんな過去の出来事をホッシーに説明しながら、俺は少し前から気になっていることがあった。カフェの外からチャラい格好をした二人の若者がチラチラこっちを見ているのだ。普通のインド人はこんなことはしない。怪しい奴が来たなと思ったが、ホッシーは「タバコを吸いにいきます」と外に出ていってしまった。嫌な予感がする。するとホッシーの後を追うようにその二人の男が移動するのが見えた。なにかトラブルに遭わなければいいが、死角になっていて俺の席からはそこは見えない。すると棍棒を持った警察官の歩く姿が見えた。何かあったか？　俺は様子を見に行こうとも考えるが、ホッシーの高級カメラと荷物も持っていかないとそっちの盗難も心配だ。躊躇していると、ホッシーが戻ってきた。事情を聞くと、外に出てすぐに男が二人近づいてきて「暑いね〜」と流暢な日本語で話しかけてきたそうだ。このように相手はカモの様子を探ってくるのだ。この詐欺師のパターンとしては、ガイドと称して不当な額を請求したり、知り合いの旅行会社に連れていって高いツアーを組まされたり、また仲良くなってしばらく二人行動した後に騙してくる。この場所で日本語を話しながら近づいてくる奴に一人もまともな奴はいない。このようにインドやニューデリーの評価を落とし、旅行者を騙す奴は許せない。

詐欺男がホッシーに話しかけると、棍棒を持っている警官がやってきて「また観光客に悪さしているのか？」とでも言ったのか、詐欺男達は急に焦ったように「いや、彼に美味しいレストランの場所を教えていたんだよ」と慌てて誤魔化し、ホッシーに「じゃあ、またね」となったようだ。

それにしてもこの殺人的な暑さの中、長袖のシャツを着て、ほとんどいない観光客を狙う詐欺師達は一体、何を考えているのか。スマホを見ると「40℃　ちり煙霧」とある。

「なんだよ、ちり煙霧って、こんな表示みたこともないよ」と思わず口から出てしまう。

インドの詐欺師はナンパ師と共通する

俺たちは昼食を食べようと外に出た。人はほとんど歩いていないが、先ほどの詐欺師たちが寄ってきてホッシーに「レストランの場所わかる?」なんて言ってくるが適当に「ありがとうね」とあしらう。俺にもなにか言ってくる者がいるが、目も合わせずに完全に無視。ウザい奴に対しては目を絶対に見ないで完全無視を貫いた方がいい。「どこからきたの?」と聞いてきても「日本だよ」などの返事もしない。もし返事を返すと、「日本だよ」のあとに続く言葉をたくさん準備しているからだ。ナンパでもそうだろう。声をかけて相手がこっちの目を見てきたら、こちらのことをどう思っているか、例えば「警戒心マックス」、「嫌っている」、「好いている」、「暇そうだ」、「寂しそう」など少し情報がわかるだろう。そしてこっちから質問して様子をみる。

「君、かわいいね。どこから来たの?」

「春日部」

こんな表示を見たのは初めてだった

「これからどこ行くの?」

「買い物」

このように返すということはチャンスがある。歴戦のナンパ師達は、インドの詐欺師達と共通していることがある。それは

1. 相手のことは全く考えない。
2. 少しの突破口があればどうとでもなるというポジティブ思考。
3. いくら断られてもめげない。

ナンパ師たちは相手がこっちの目を見てきて返事を返したら、そこから突破口を開こうとする。

「5分だけ話をしたい」「お茶だけしない?」「ラインだけ教えて?」などなど。ところが女の子が目も見ずに質問にも答えず完全無視だと、脈はゼロだと思って諦めるだろう。しょうもない男はそれが腹立つのか「ブス」「シカトするなよ」「なにお高くとまっている

んだよ」などと、最低の言葉を吐く奴もいるが、このインドの詐欺師たちも同じだと思う。中には悪態をつくのもいるが、全く相手にしないのがベストだ。インドでは無視したら相手に失礼だとか、こっちがどう思われるのかとか、考える必要はないと思う。

昼食を食べて店を出たが、オートリキシャや自称旅行会社の奴が声をかけてきてウザいので歩いて宿に戻ることにした。距離は大したことないが、42℃まで気温は上昇し、人もほとんど歩いていない。なるべく日陰を探して歩くが、うん？　地面に寝ている男がいる。死んでいるかもしれないと一瞬心配するが、動いているようだ。それにしてもこのままでは死んでしまうのではないか。インドでは5～6月にかけて熱中症で死亡する人が多い。道端で寝ている人やスラム住民の数は相当で、もし彼らが亡くなってもカウントされてい

43℃は経験したことなかったが、二度とごめんだ

るのか疑問なので、実際にはかなりの人数が死亡しているのかもしれない。

部屋に戻ってクーラーを最低の16℃にしてファンを回す。とにかく体を休めるしかない。スマホの温度をみると、「43℃砂嵐」と表示がある。なんだよ、砂嵐って。

インド鉄道の座席

いよいよ、楽しみにしていたインド鉄道旅のスタートだ。まずはジャイプールまで移動する。

これから乗るインド鉄道のチケットは、一昔前なら駅に直接買いに行くか、現地の旅行会社に代理で取ってもらうのが主流だったが、現在ではネットで取れるようになっている。キャンセルが簡単に出来て返金もしっかりされるので、インド人は予約をどんどん入れてしまう。だから埋まるのが早い。それを見越して俺たちは2か月前に予約していた。

階級社会のインドでは席はかなり細分化されていて少し複雑だ。簡単に説明するとこうなる。

●1A……ファーストクラス。一番いいクラスだが、1Aのない列車もある。コンパートメント（個室）で二段ベッドが二組あり、二人部屋もある。ドアが閉められるのでプライバシーが保たれるのはありがたい。食事付きの列車もあり、客層は軍幹部、政治家、上の階級。Aはエアコンのこと。

●2A……セカンドクラス。二段ベッド二組と、通路を挟んでサイドに二段ベッドがある。下がサイドロウアー、上がサイドアッパーと呼ばれている。カーテンがついていてプライベートは完璧。客層は良し。

●3A……サードクラス。三段ベッドで、通路を挟んでサイドに二段ベッドがあり、カーテンは付いていていない。旅行者や少し余裕のあるインド人が使う。この三つのランクは枕、毛布、布団などの寝具が付いていて、2A以上だと洗面用具もある。

●SL……スリーパークラス。クーラーはないので窓は開けっぱなしで扇風機が回っている。内部は3Aと同じ造りだ。防犯上問題があり、荷物を盗まれる人も多いので注意が必要だ。要予約で、インドの一般人が多く乗るので車両が一番たくさんある。寝具などは全くなく、バックパッカーで使う人は多い。

ここまでがいわゆる「寝台列車」。ベッドがない通常の座席ももちろんある。

- EC……エグゼクティブ・チェアカー。普通の座席で一列四席。上のクラスや観光客が使う。
- CC……チェアカー。一列五席のエアコン席。
- ジェネラル……最底辺の車両。予約なしで乗れるが魑魅魍魎。堅い椅子で、混んでいて乗れないこともある。それが存在しない列車もある。インドを堪能したい人は乗ってもいいかも。ただ責任は取れない。

その他にも細かくあるようだが、まずはこの7クラスを頭に入れておけばいいだろう。

チェックアウトの時、宿のオーナーが言う。

「また来月泊まりに来るんだろ？　待っているよ」

レストランから「モグラ」が出てきた。昨夜、彼のレストランに食べに行ったのはいいが、ビールを用意しておくと言っていたのにそれはされておらず、急いでスタッフに買いに行かせて持ってきたが、冷えてない最悪のビールを飲まされていた。彼は日本に彼女がいるようで写真を見せてくれたりプライベートなことを教えてくれた。ニューデリーでトラブルにあった日本人も助けているようで、お礼のメールを見せてくる。東京にも数回行ったことがあるようで「歌舞伎町は怖いね。夜、歩いていると黒人がドラッグを買わないかとしつこく言い寄ってきたけど、警察が巡回に来た途端、逃げてしまったよ」とリアルなエピソードを披露してくれた。なかなかの親日家だ。

「モグラ」が俺に言う。

「来月また君は戻るんだよね。元気でね」

いい奴ではないか。俺たちは最高の気分で宿を後にした。

第二章

ピンクシティー　ジャイプール

初めてのインド鉄道

俺たちはオールドデリー駅にやってきた。駅舎はニューデリー駅よりも古いがそれでも大きい。インドの駅は少しややこしく、同じ方面に向かう列車でも日時や行き先によるのか、違う駅ということがあるので注意が必要だ。後に俺もこれに苦しめられることになる。

列車は11時発で所要時間は6時間だ。俺たちの乗る列車はオールドデリー発ではないので、遅延を心配してアプリで運行状況を調べるが、遅れていないようだ。

まず、電光掲示板で自分の乗る列車の番号を見つけて、ホーム番号を確認してから移動しないといけない。なるべく早めにホームに

オールドデリー駅。鉄道の旅がこれから始まる

着いて準備した方がいい。チケットには車両番号が書かれていて、それがA1だとしたら、「A1」が点滅している場所まで移動が必要で、列車は20両ぐらいあるし、ホームもかなり長いので歩くのが大変だ。

ホームまでやってきたが、人がその辺に寝ていたりする。時おり、貨物車が車体の横からつまり我々のいるホームに向かってどす黒い排気ガスをまき散らし、咳き込んでその場から逃げることになる。ある列車は車内で使う水を入れ替えているのか、大量に線路に放出している。

いきなりペプシ

初めてインド鉄道に乗ることに少しウキウキしてくる。俺たちの乗る列車のランクは2Aで料金は795ルピー（約1430円・1ルピー1・8円で計算）だ。乗車時間が6時間ぐらいと短めなので、その下の3Aでも良かったのだが、ホッシーが「昔、3Aに乗ったことがあるんですが、普通のインド人がどんどん乗り込んできてわけがわからなくて大変でした。運賃もそんなに変わらないので上のランクで行きましょう」と提案してきたので2A

になった。上から二つ目のランクの車両はどのように居心地が良いのか、乗るのが楽しみだ。ちなみに二人の席はいずれも二段ベッドの上段だ。

俺が売店でペプシコーラを購入していると、若い少年三人組がホッシーにフレンドリーに話しかけている。そしていきなり一人の少年が持っている飲みかけのペプコーラをホッシーに渡し「これ飲みなよ。喉が渇いているでしょ」と言う。

地元の人に食べ物、飲み物を勧められても睡眠薬とかが混入されている恐れがあるので断らないといけない。彼らは飲みかけのペプシをホッシーに飲ませようとしているし、何を考えているのか、ホッシーがやんわり断るとそれでもしつこく言ってくる。少年たちに

車両が古くてテンションが下がる(笑)

興味を持った俺が話しかけてみると、彼らの年齢は17歳。世間話が始まるが、どうやら彼らは乗客ではないようだ。

「日本に行きたいけど金がない。僕たちは金がない」と口癖のように言う。

要するに彼らは乗客相手に案内や荷物持ち、席取りを手伝ってお駄賃をもらっているようだ。俺たちがジェネラルという予約なしの車両に乗ると思っていたようで、列車がきたら荷物を持って席を取ってこづかい稼ぎをしたかったようだ。

「我々は指定席があるから必要ないよ」と言うと残念そうな顔になったが、「道中、気をつけてね」と言ってくれ、ホッシーとはメールアドレスの交換をしていた。

学校がある時間帯に駅でお金を稼いでいた彼らは、今でもオールドデリー駅にいるのであろうか、気になるところだ。

汚い列車

ノロノロとやる気なさそうに長い長い車両がホームに入ってきた。そして列車が停止するや否や、車内にいた乗客と鉄道スタッフが吐き出されるような勢いで降りてくる。俺たちは自分たちの乗る車両を見つけると中に入った。そしてすぐに幻滅する。上から二番目のクラスなのに車体は汚くてボロボロで、通路が狭すぎてリュックを背負ったままでは入れないし、車内が暗くてよく見えない。

俺たちの席は一番端の四人席。だがそこに関係のない人が座っている。四人席なのに三人も既にいるのだ。まだ席は他に空いているので、とりあえずサイドの席に座って様子をみる。列車が動き出すと男と話していた50歳ぐらいの夫婦らしき人たちは、俺たちの席を離れてどこかに行ってしまった。おそらく二人は違う席を取っていて、会話する為に今座っている男の席に来たのだろう。俺たちは自分たちの席、二段ベッドの上にそれぞれ行ってみる。天井は意外と広いが、コンセントは付いてないし、窓がないので外は見えない。座りにくいし、昼間の移動はこれではツラい。下の席に座ろうとしたが次の駅で若い女性がやってきて、サイドの席には家族連れが乗車し、そこの小さな二人の子供とその女性が遊び始めた。居場所が無くなったので仕方なく横になって本を読むしかない。かなり居心地が悪いので、この先の列車の旅が不安になってしまった。正直、細分化されている列車のクラスで上から二番目なので、それなりに期待していたが、かなり裏切られた気持ちだ。

車内販売は活発で、水、ジュース、チャイ、弁当などを売りに来るが、新聞売りのおじさんのヒンドゥー語で書かれた新聞を何気に見ていたら「これを買いなよ」と言う。

「読めないから無理です」

そう笑いながら言うと、ヒンドゥー語でなにやらわめきだし、無理やり購入させられそうになる。それにしても何を考えているのだ。

30分位寝たであろうか、起きるとなんか周りが静かになっている。見ると下に座っていた女性と子供連れ家族がいない。ホッシーに聞くと「前の駅で降りましたよ」と言う。

ふとトイレに行きたくなった。ついでにチェックするのはこの旅の中でも重要なことだ。俺はトイレが近いし、俺とホッシーは綺麗な場所でないとウン

下段に座りたかったが、子供たちと女性が遊び始めたので上段で本を読むしかなかった

コが出来ないほどの繊細な性格をしている。日本でも駅や列車の中はもちろん、公衆便所でもウンコが出来ないのだ。これから夜行列車にも乗るし、トイレがまともでないと困ってしまう。一車両には前後二つずつトイレが付いていて、連結部分はつまり隣の車両のものがあるので合計四つのトイレがある。それに洗面台とゴミ箱が設置され、3A以上の車両には清掃係や、シーツを取り替える係の人の仕事部屋がある。ちなみにインド鉄道では駅舎と車内は禁煙で、罰金は200ルピー(約360円)と優しい額になっている。列車のドアはちゃんと閉まっていない場合が多く、注意しないといけないのは夜中に猛スピードで走行中、寝ぼけている状態でトイレに向かうと、引き込まれて落ちる可能性もあることだ。

トイレの話に戻ろう。俺の予習では和式に似たインド・スタイルと、ウエスタン・スタイル、つまり洋式のトイレが半分ぐらいずつ付いていると情報を得ていたのだが、四つ全てインド・スタイルだった。たぶん車両自体が古いからだと思うが、これではクソをするのは俺にとって不可能なだけでなく、小便するのも難しそうだ。走行中だとはねてしまう。それにしてもインド人は走行中でもホースから水を出してケツや、女性の方はアソコを洗うのか。慣れれば平気かもしれないが俺には無理そうだ。

利用者が多い鉄道

インド鉄道は国民の足で、飛行機やバスが通っていないルートを結んでいる。今回初めて知ったが、インドには外国人にとって無名だけど人口が多い街がたくさんあり、そこからの乗降客が大勢いることだ。

インドの鉄道路線の長さはアメリカ、ロシア、中国に続き世界4位で、1853年にはムンバイ～ターネー間でアジア最初の路線が建設された。インドの人口は中国を抜いて世界最多になったが、インドにはカウントされない人が大勢いるので実際はとっくの前からインドが一番だろうと思っていた。国連人口基金（UNFPA）の「世界人口の現状報告：2023年」の人口統計データによると、インドの人口は推定で14億2860万人、中国は14億2570万人になるという。国土は大きく世界第9位で、日本の約9倍の国土面積を誇る。

ジャイプールに到着

車内から景色がほとんど見られなかったので旅情に浸れないままジャイプールに到着した。ジャイプールはインドのデリーから南西へ260㎞行った場所にある砂漠の国・ラジャスタンの州都だ。また、「ピンクシティ」の名で知られ、ピンク色の宮殿や建物が集まっていることからそう呼ばれているのだそうだ。ちなみに「ジャ」は当主の名から、「プル」は城壁に囲まれた街を意味する。街の特徴として旧市街は七つの門をもつ城塞にぐるりと囲まれ、豪華な宮殿や宝石加工に代表される伝統工芸など、個性豊かな独特の文化があるという。

ジャイプールは観光客が多く、俺の仲間も行ったことがある人がたくさんいる。観光客が多いということはウザい奴や詐欺師がいるわけで、さっそくホームに降りると

「ウエルカム・ジャイプールへ。何かお手伝いしますよ」と、詐欺師オーラ全開の脂ぎった男がお出迎えしてくれる。時刻は18時前、6時間も居心地が悪い場所にいたので疲れていたし、俺らは機嫌が悪かった。

「ノーサンキュー」と俺は断る。だが、しつこく俺のカバンを抑えて制止しようとしてくる。イラつき日本語で

「てめえ、なに勝手に触ってんだ！　消えろ！」と叫ぶ。

男は俺が怒っているのがわかったのか、地元の言葉でなにやらわめいてきた。そして少

し離れた場所にいたホッシーをターゲットにした。他にも乗客は大勢いるが外国人は俺たち二人なのでカモを逃がしてなるかと思っているのか。ホッシーにしつこく勧誘していると、普段温厚な彼も日本語で言う。

「ほんと、うるさいし、しつこいよ。怒っちゃうよ～」

この男を切り抜けると階段の近くにも同じようなのが数名生息していて「ツアーはどうだ?」「タクシー乗れよ」「さあ、こっちだ」

完全に無視するが、何気にホームに座っている乗客に目をやると、お母さんが子供のズボンを脱がしてホームでクソをさせているじゃないか! 横では親類が座って普通に食事をしていて、また別の人は寝ている。トイレは駅にあるし、どうなっているのだ。俺は信じられない光景に啞然としていると「嵐さん、今見ました?」とホッシー。

「見たくないものを見たよ。インドだよな」

駅を出てホテルに向かう。ここからは歩いて5～6分の場所だ。裏道を通るが、駅前の喧騒はどこにいったかと思うほど長閑な空き地が広がり、牛と豚が餌を食べ、野良犬もウロウロしている。

ホテルに到着した。中級ホテルで設備は古い。今回は別々の部屋で、嬉しいことに共同の冷蔵庫に入っている1リットルのペットボトルは無料らしく勝手に取っていいらしい。予約サイトによるとこの宿では両替をやっているようで、ホッシーが1万円を頼むと責任者らしき男はどこかに電話をかけ「5900ルピーでいいか？」

ホッシーが頷くと、責任者は金を渡そうとしたが100ルピーをその中から取り「これ手数料でいいかね？」

ホッシーは笑いながら「ダメですよ」

「冗談だよ」と言い5900ルピーを渡した。それにしても油断も隙もありゃしない。

高級レストラン

せっかく新しい街にきたのだから美味しいものを食べたいし酒を飲みたい。

ホッシーと半分スラムになっているような貧困地区を歩く。野良犬が数匹通るが、もっと遅い時間になったら吠えてくるんだろうなと思いながら進むと安いレストランや店が連なり、暑いからか、市民が外にあるイスに座って休んでいる。ある一角に入ると、燦々と輝く建物に目が止まった。そこには駐車場があり、高級車が停まっている。周りからするとかなりの場違いにも思える。入口には背が高く、黒いタキシードを着ている門番が二人いる。俺たちの格好は短パンとTシャツ姿で、そして珍しい東洋人。階級社会のインドでは追い出されるかもしれないが、観光客だからどうにかなるか。

少しドキドキしながら入口へと向かう。門番の前を通る時に呼び止められたが、軽い質問だけで済んだ。中に入るとそこはお洒落な高級バーで、白人旅行者の団体の姿もある。ウエイターがやってきたがビール一杯がなんと480ルピー（約860円）だ。日本の少し高い店と変わらないではないか。メニューは豊富でマッシュルームの焼いたやつとチキンなど数品を注文したが、味は最高だ。店内は女性客も多く、インドで女性同士がバーにいる姿を見たのはここだけだ。普通にこの場を楽しんでいる。彼女たちは高いビールを何杯も注文し、他のテーブルではワインのボトルが置かれている。インドのバーは暗いというイメージが強いが、普通のお洒落なレストランのような明るさだ。おそらくジャイプールに住む酒好きの金持ちの間では有名な場所なのだろう。それにしてもこの国の貧富の差はなんなのか。一歩、外に出ると貧乏な人ばかりだというのに、ここに来ている人たちは金持ちオーラ全開で、同じインド人なのに別世界を生きているようだ。

ジャイプール観光

ジャイプールもニューデリーと同じように5月は殺人的に暑く、この日の予想も最高気温40℃だ。13時ぐらいまでには観光を終えてホテルに戻りたい。

オートリキシャをチャーターして荒い運転で旧市街に向かうが、そこの中心に歴代マハラジャ(大王)の住居・シティパレスが建つ。現在も一部は王族の住居になっているそうだ。シティパレスは1726年に造られ、建物はなかなか見応えがあり、ラジャスターンとムガールの二つの様式が融合した建築のようだ。内部には博物館もあり、歴代のマハラジャが使用していた衣類や宮中で使われた楽器が展示されている。所々にターバンを巻いた衛兵がいて、観光客と写真を撮ろうとしている。小遣い稼ぎで後から金を請求してくるのは知っているので俺たちは断ったが、白人のカップルは楽しそうに写真を撮った後、金を請求され「金をとるのかよ。知らなかった、失敗したな」という表情を浮かべながら渋々払っていた。

ジャイプールのマハラジャは敬虔なヒンドゥー教徒だった。この国最大宗教のヒンドゥー教は人口の79.8％を占める。続いてイスラム教（14.2％）、キリスト教（2.3％）シク教（1.7％），仏教（0.7％），ジャイナ教（0.4％）となっている。（2011年国勢調査）

ヒンドゥーというのは「インダス川の国に住んでいる人」をさしている。仏教と同じくバラモン教から生まれ、それの後継宗教として位置づけられ、更にインドで元々あった原始宗教を取り込んで出来た。

俺たちはシティパレスを後にし、旧市街を散策して「風の宮殿」に到着したが、観光客が写真を撮りまくって人だかりが出来ている。

ここは、姿を見られることを禁じられていた宮中女性のために、当時のマハラジャだったサワーイー・プラタップ・スィンによって1799年に建設された宮殿で、5階建ての正面部分は奥行きのない小部屋に区切られ、どの方角からでも風が入るように工夫されているそうだ。

ラッシーのお通じ

「嵐さん、ラッシーの有名店があるらしいのでホテルまでの帰りに寄ってもらいましょう」とホッシー。

ラッシーはチャイと並んでインドの定番飲み物で、本場の作り方は水とヨーグルトから作るようだ。しばらく走ると、ラッシー・ワラという店に到着した。この店名はずばり、ラッシー屋さんという意味で、創業は1944年と古く、ジャイプールで最初に出来たラッシー屋で有名人も多く訪れるという。

かなりの人気店のようで、店の前は長蛇の列になっている。俺らの順番になり、ヨーグルト状のものをすくって素焼きのラッシーカップに入れてもらう。値段は大が80ルピー(約144円)。飲んでみると、濃厚なブルガリア・ヨーグルトの味がしてとても美味しい。

「風の宮殿」。多くの観光客が記念撮影をしている

それによく冷えていて、腸にはとてもいいはずだ。

宿に戻ってしばらくするとこれが効いたのか、軽く腹を下した。その後にホッシーの部屋で俺がやっているYouTube番組「ようちゃんねる生配信」の準備にかかる。俺の不安を少し伝えると「生配信中はトイレに行かないで下さいね」とホッシーに釘を刺されるが、これればかりは仕方ない。ホッシーはどこからか、ビールとつまみを買ってきたようだ。気が利くな、飲みながらの配信は楽しそうだ。生配信は15時半（日本時間19時）からで1時間ぐらいやるつもりだ。

配信が開始され、俺は「腹の調子が少し悪

ラッシーを掬うところ

いし、ビールを飲むので途中でトイレに駆け込む可能性があるのでご了承下さい」と断っておいた。

「後で行って下さいよ」とホッシー。

視聴者からの質問に答えているうちにあっと言う間に30分が経過する。すると急にホッシーが言う。

「腹が痛い。嵐さん、すいません……トイレ。一人でやってて下さい」

お前がトイレにいくのかよ！

土産物屋に連れていくな

ラッシー屋からホテルに戻る時に話を戻そう。

ホテル到着まであと5分ぐらいになった。俺は腹の調子が微妙に悪くなったのでトイレに行って、少し部屋で休もうかと思っていた。するとオートリキシャが突然停まる。そしてドライバーが小声でどこかに電話をかけ始めた。非常に嫌な予感がする。ドライバーが席を外してどこかに行ってしまうと、二人の若い男が近づいてきた。身なりは良く、髪の毛は整髪料で少し濡れている。俺はこれからの展開が読めてきた。まず、ドライバーとこの男たちはグル。おそらく彼らの働いている店に連れていき、不当な金額で物を買わせる。紅茶などをふるまい、もし購入を拒否したら「紅茶の金は払え」だの「休憩したからチップをよこせ」と言ってくるのだろう。

男は運転席に座り始め、もう一人はホッシーの隣にきた。そして満面の笑みで

「どこから来たの？」

「日本」と俺は返す。

「僕たちはお土産屋とTシャツ屋をやっているんだけど見ていかない？」

「興味ないから結構です」

「僕、日本の友達がいる」と、よくあるパターンで日本人の名前を出して信用させようとする。

「そんなこと興味ないよ」

「紅茶でも飲んで行かないか？　サービスで出すよ」

「トイレに早く行きたいし、ホテルで休みたいので大丈夫です」

「トイレは貸してあげるし、少しだけ寄って行きなよ」

俺はドライバーに対して頭にきていた。オートリキシャをチャーターし、金額も約束していた。奴には俺たちをホテルまで無事に送り届ける義務がある。それなのに、断りもなく勝手にこんな場所に連れてきやがって。

「俺たちのドライバーはどこ？　早く帰りたいんだよ」

「トイレじゃないか？　もうすぐ来ると思うけど。さあ、紅茶でも飲んで店を見てってよ」

もうブチ切れた。

「ドライバイーはどこだ？」

「さあ？」

「ドライバーはどこだよ？　金を払わないで俺たちは歩いて帰るぞ！　呼んで来いよ、お前が」

男二人は困った表情を浮かべた。

するとドライバーが下を向きながらやってきた。

「おい、俺は早く帰りたいんだよ！　何やってんだ！　早く出発しろ！　ＧＯ！」と怒鳴ると、男二人はいつの間にかいなくなり、オートリキシャはスタートした。

チャイ屋のオヤジ

この日はジャイプールの最終日。昨夜は高級な店で食べたし、今日は軽く地元のレストランで食べよう。歩いて舗装されていない道を進む。野良犬がウロウロし、バイクがひっきりなしでクラクションを鳴らしながら通るものの、駅周辺は入り組んでいて歩くのは面白い。チャイ屋のワイルドな風貌のオヤジが「飲んで行けよ」というが「飯食った後に行くよ」と返す。

雨が上がったばかりだからか、入ったレストランは一組しか客がいなかった。気温も少し下がってきて過ごしやすい。ここはベジタリアンの店のようで、俺たちはビリヤニと豆カレー、チャパティを注文。ビリヤニは野菜や肉をお米と一緒に炊き込んだご飯で、野菜や肉の味がご飯にしみ込んでいる。マトン、チキン、野菜など、いろんな種類がある。チャパティはインドではポピュラーで、フスマ（小麦の糠）入りの小麦（アタ）を水で練り、発酵させずに鉄板やフライパンで薄く焼き上げたもので、素朴な味だ。日本ではあまり知られていないが、インドではナンと違い、一般家庭で作れるチャパティの方がポピュラーだ。一方、カレーといえばインドの代名詞みたいなものだが、インドにはカレーと呼ばれる食べ物は厳密にはない。我々の知るカレーには、サグ、ダールなどの名前が存在する。カレーという言葉が生まれたのは16世紀頃にインド南部で使用されているタミル語の「カリ」が英語圏に伝わった際に、訛って「curry（カレー）」になったという説が有力のようだ。カレーという言葉は、つまり英語圏が発祥なのだが、今はもちろんインドでカレーと言っても通用するし、メニューにも記載されている。

出された二つの料理は辛さもちょうどよく、とても美味しかった。

食べ終わるとチャイが飲みたくなってきた。チャイ屋のオヤジの所に行って二杯注文する。どこでも一杯10ルピー（約18円）のはずだ。客は先ほどのレストランにいた一組の客と、目の焦点が合ってない背の高い男が店の奥にある椅子に座りながら暗い表情で飲んでいる。

一般的なチャイの作り方は、まず鍋やヤカンに少量の水を入れて紅茶を煮出す。そこに大量のミルクを足して更に煮出し、多めの砂糖を入れて味付けする。店や作り方によってシナモン、カルダモン、クローブ、ナツメグ、ジンジャー、ペッパーなどの香辛料を加える。なぜこの飲み方になったかというと、イギリス植民地時代にインドで作られた良質な紅茶は全てイギリスに送られた。インドの庶民には商品にならない紅茶の葉だけが残され、ダストティーと呼ばれる細かいホコリのような茶葉から作る紅茶を美味しく飲む方法として考えだされたのだという。

チャイを手にとるが、俺の好みの味ではなかった。何度も飲んでいると自分の好みがわかる。俺は少し甘めでシナモンやジンジャーが効いているのが好きだ。それにこの店のオヤジがかなり不愛想なのも気になる。

「ホッシー、奢るから払っておいて、20ルピーだから」

俺は50ルピー札を渡す。

クセが強いチャイ屋のオヤジは終始不愛想だった

ホッシーは笑いながら

「はい、わかりました。ごちそうさまです」

俺は先に出て待っていると支払いを終えたホッシーが戻ってくる。

「あ、嵐さん、お釣りです」

お金を受け取った俺は思わず言う。

「ボラれてるだろ！」

そこには10ルピー札1枚しかなかった。

第三章

三回目のムンバイ

ホッシー、足を痛める

ホッシーは日本にいるときから足を痛めていたのに、ニューデリーとジャイプールでも、せっかくインドに来たのだからと無理して朝に散歩したせいか、かなり悪化しているようだ。

今回乗る列車は14時にジャイプール発で、翌日の朝6時50分にムンバイに到着する。そして1A、つまりファーストクラスに乗れるのだが、料金はわずか3545ルピー(6380円)。ホテル代&移動と思えば安いものだ。

駅に到着すると、列車がもう入線しているようだ。20車両以上連結されているようで凄く長い。我々は階段からホームに降りると、1Aはちょうど一番端のようで長距離歩かないといけない。ホッシーが足を引きずってツラそうで可哀そうだ。東洋人二人が珍しいのか、皆ジロジロと見てくる。SL、3A、2Aの車両に続き、HAという表示が見えてきた。入口には係員がいる。1Aは政治家や軍人幹部が乗ったりするので、テロなどを警戒して直前にならないと自分の席が表示されない。つまりまだ自分たちの席がわからないのだ。俺は到着したがホッシーはまだツラそうに遠くの方で歩いている。時間がかかりそうなので売店に行き、買い物をして車両の前に戻るとホッシーが車内から俺に手を降っている。俺も中に入るとそこは二人部屋でかなり広かった。
「俺たちの席はここなの？」
「いや、知らないっす。たぶんここですね」
俺は係員にチケットを見せ「我々の席が表示されていないのでどこかわからない」と伝えると、スマホで何かを入力して
「5と6だ」
ホッシーがちょうど出てきてそれを知ると
「ね、当たったでしょ」

VIP気分でも注意は必要

これは素晴らしい、まるで動くホテルだ。それに二人部屋なので他人を気にしなくていいのも嬉しい。テンショ

二人部屋の個室。広くてテンションMAX

ンが上がって動画を撮りまくる。列車はゆっくりと動き出し、しばらく車窓からの景色を楽しむ。車内を少し偵察してみよう。まずSLクラスと3A以上の車両は繋がっていないが、3Aから1Aまでは自由に往来が出来る。俺たちの車両の半分は2Aになっていて、ドア一つで繋がっている。防犯上、安全かなと思っていたがそうでもないようだ。日本大使館の被害報告によると、こんなことも起きているようだ。

＊バラナシ～コルカタ間の夜行寝台列車内（四人用一等コンパートメント）で、旅行者が武装集団に襲われ、旅券、航空券等の所持品を強奪された上、顔面に暴行を受けた。（在インド日本国大使館）

1Aのような密室は犯罪者にとってチャンスかもしれない。世話係のような人がいるが、どこまで頼りになるか疑問だし、車掌も一回検札にくるだけでウロウロしているわけではない。昼間はまだしも、夜中に途中駅で強盗が乗り込んできても検札はないし、周りも寝ている。個室に武器を持って入り、犯行を行ったら次の駅で降りて逃げられる。また、女性の場合は性犯罪にも気をつけないといけないだろう。

愉快な鉄道旅

14時に出発した列車はイサルダ駅に到着。向かいにも列車が停車している。SLの客が見えるが、人で埋もれ、暑そうだ。乗客はドアを開けてその周辺に座っている。人数が多すぎるのでおそらく彼らの中にチケットを持っていない人が多いのだろう。SLクラスも座席指定で、チケットを持っていない人は乗れないはずだが、少し郊外に行くと、無賃乗車する人が多いのかもしれない。車掌にもし咎められても「急いでいてチケットを買えなかった」とか適当なことを言うのだろう。それにしても暑そうだ。車内は扇風機があるものの、走行中はいいが、40℃近い気温では大変だろう。

列車は再び出発し、荒野を走り始める。インドは壮大で面積が大きく、人口は世界一。でもこの広大な荒野には人は全くいない。そして大きな川があり、橋を渡り始める。ベッドの上段で休んでいるホッシーに声をかける。

「この川、デカいよ。凄い綺麗だね」

「ぐ〜　ぐ〜」

寝てるんかい！

そしてどこかの大きい駅に停車する。時刻は16時5分。サワイ・マドブルという駅のようだ。ここで10分停車するようで、降りる乗客も多い。調べるとランタンボール国立公園という、虎が生息している場所があり、そこに観光しに行く人が多いようだ。少し外に出てみよう。なんだか観光案内のようなものが見え、数組の白人観光客の姿も見える。この街を拠点にして虎を観に行くツアーに参加するのだろう。それにしても暑すぎる。俺たちはすぐに逃げるように車内に入った。

車窓からの眺め。思わず見とれるが、ホッシーは寝ていた

不味い飯

「腹減ったな」

「減りましたね」

時刻は20時を過ぎていた。

俺らの個室はドアを開けっ放しにするとクーラーが効かないし、人が通る時に必ず見られて落ち着かず、それに売り子が必ず声をかけてくるので疲れる。よって閉めていたのだが、そうするとクーラーが効きすぎて寒く、更に売り子が声掛けしないので弁当などがいつ売りに来ているかわからなくなる。俺たちはドアを開けることにした。ここはファーストクラスだ。一番上のクラスだからと期待していたのだが、食事が出るわけでなく（事前に予約は出来る）、水は配られないし、専用トイレが付いているわけではないので、個室ということ以外にこれといった特徴がないではないか。

すると弁当を持った人が前を通った。俺たちは中身も確かめることなく二つ購入した。開けてみると、キューリ、スープ、カレー二種類、ご飯。見た目が既に不味そうだ。食べてみる。ご飯は固く、スープは冷めているだけでなく味が塩味のみ。カレーは中途半端に辛いだけ。不味くて半分しか食べることが出来なかった。ホッシーは三分の一だけ食べ「酷いですね。まあ、駅弁は仕方ないですね」と言う。この先も駅弁にはお世話になる予定だが、初っ端からこんな不味いものを食べさせられたら不安になる。

俺たちは寝ることにした。枕、毛布、シーツは全部ついており、タオルも付いている。電灯を暗くしたのだが、下段に寝ていることを早くも後悔した。体験したことのない下からの不快な揺れと、時おり「ズドン！」という下からの突き上げが睡眠を妨害してくれる。おまけにクーラーが効きすぎて寒く、服を着こみ、トイレも近くなる。そうこうしているうちに、いつの間にか寝ていた。

三回目のムンバイ

ムンバイはかつて「ボンベイ」と呼ばれていた。由来の「ボン・バイア」はポルトガル語で「良質な湾」を意味する。

当時最強のポルトガルが七つの島がある沼地を手に入れ、それ以来この街は「ボンベイ」と呼ばれた。１６６１年にポルトガルの王女がイギリスのチャールズ二世と結婚する際に、この街を貢ぎ物としてあげたが、この使い道のない土地を東インド会社に10ポンドで貸し付けて出来上がったのが、インド最大の商業都市・ムンバイだ。

朝6時に目を覚ます。あと1時間で到着だ。外を見るとスラム。そういえば、前回ムンバイに来た2010年には取材でスラムをたくさん見てきた。その中でも最大で有名なダラヴィースラムは巨大で圧巻だった。一言でスラムと言っても普通の街のような場所もあるし、自治体があってしっかり管理されている所がある一方、テントだけとか、トイレが設置されてないのでその辺に糞尿がある場所もあった。懐かしいことを次々に思い出した。そんな話をホッシーにしているとクソをしたくなってきた。ちなみにトイレは綺麗ではないが、洋式がある。「紙は詰まるので便器の中に捨ててはいけない」と注意書きがあり、設置している容器に入れるようになっている。

「僕はしたくないので我慢しますよ」

そうホッシーが言う。

俺は勇気を出して用を足した。洋式ならどうにかなると思った。

列車は7時にムンバイ中央駅に到着した。そこからタクシーでバイカルという下町に移動する。前回泊まった宿は中心街にあり便利だが、値段を見たらかなり値上がりしていたので今回、この地区に宿をとった。シングルルーム300円だ。

宿に到着したが7時半でまだ早い。インド特有の大きな台帳に記入してパスポートをコピー。そしてクレジットカードOKと書いていたのに支払いは現金のみ。またこれか。「クレジットカードOKと書いてあった」と言ってみるが「機械が壊れている」と、このパターン。平気で嘘を書くのはどうにかして欲しい。宿のチェックインは11時からで、それまでどうするか？　俺は疲れていて休みたいが、ホッシーは明日の昼に日本に帰国するので時間がない。よし、行動しよう。

ムンバイ観光

まず俺たちはタクシーで観光地にもなっているタージマハル・ホテルに向かう。19世紀末、ムンバイの資本家であったターターは外国の友人とホテルに夕食に出かけると、そのホテルはヨーロッパ人専用と言われて入場拒否にあう。それをきっかけにターターはインドに一流ホテルを造ることを決心し、１９０３年にホテルは完成した。俺が来るのは二回目で前回はここで紅茶を飲んだのを思い出す。入口では厳重にセキュリティ・チェックをやっていて、空港のように荷物を検査機に通さないといけない。ホテルに入ってくる車はボンネットとトランクを開けて探知機で検査する。宿泊客はずいぶん面倒だと思うが、これは２００8年にムンバイで同時テロが起きた際に、インドを象徴するこのホテルも襲撃にあい、犠牲者が出ているので仕方のないことだ。

中に入るとそこは高級感が漂っていて別世界だった。金持ちそうなインド人と白人の姿に自然と目がいく。ちょうど朝食の時間のようでレストランの中はにぎわって

タージマハル・ホテル。次回来るときは泊まってみたい。時期にもよると思うが、この時に調べたらツインで2万4000円だった

いる。

ホッシーがトイレから戻ってきて開口一番
「我慢していたのでサッパリしました。めちゃくちゃ綺麗でしたよ。嵐さんも見てきたらいいですよ」

俺もトイレに入るとピカピカで、洗面所には濡れタオルもある。写真でも撮りたかったが、掃除する人と客がいたので遠慮した。

外に出ると人が大勢いて、太陽の刺してくる日差しが痛いほどだ。タージマハル・ホテルの前には1911年に建立された高さ26mのインド門がある。観光客が大勢いて、かなりにぎわっている。

エレファンタ島でリベンジ

俺たちはフェリーに乗ってエレファンタ島に向かうことにした。フェリーが出発すると、高層ビル群やインド門、タージマハル・ホテルなどが見えてきて、非常に素晴らしい景色だ。観光客は皆、楽しそうに写真を撮っているが、ほとんどがインド人だ。

あれは２０１０年、俺と後輩ライターのオガミノは二人でエレファンタ島に行ったが、そこは〝猿の王国〟であった。奴らは人間が危害を加えないのを知っているのか、観光客のペットボトルや荷物を奪いにかかり、更に食べ物を奪い、まるで強盗団であった。人間も猿に水をかけ、追っ払おうとするが舐めた態度で反撃してくる。俺たちにも猿はちょっかいを出してきて、石を投げる真似をしても怯むこともなく向かってくるし、非常にやっかいでブチ切れた思い出があり、その話を後にいろんな人に聞かせていた。さて、現在はどうなっているのか？　あれから13年も経っている。もしまた猿がたくさんいてイタズラしてきたら、こっちもそれなりに

このフェリーでエレファンタ島に向かう

これを造った人は本当に凄いと思う

戦わないといけない。

16世紀、この島は元々ガーラー島と呼ばれていたが、ポルトガル人が上陸して巨大なゾウの石像を発見して以来、エレファンタ島と呼ばれることになる。島には五つの石窟寺院があり、観光客を喜ばせている。興味のある人は、周辺にたくさんいるガイドを雇って説明してもらうのがいいかもしれない。

港を発って約50分でエレファンタ島に到着した。島に降り立つと目の前に観光客用の列車がある。

「嵐さん、足が痛いので列車乗りましょう」と、ホッシーがツラそうに言うので列車で移動。わずか5分位で終点についたが、土産物屋やレストランが並ぶエリアを過ぎると坂道を登らないといけないのでホッシーは大変だ。上まで登りきると入場料を払って中に入る。あれ、猿の姿が少ししかない。暑いからどこかに隠れているのか？　係員の人に

「猿はいつもは多いですか？」と聞くと

「今は少ししかいないし、大人しいもんだよ」

何かの対策で減ったのだろうか。嬉しい反面、なにか少し寂しい気もしてきた。調べる

と、2018年ぐらいまで水を盗られたり、物を奪われたりと被害報告があり、係員が笛を吹いて追い返していたようだが、それ以降、あまり報告がない。コロナで観光客がいなくなった2年間で猿の方も新しい生活スタイルになったのかもしれない。それでも猿は数匹いて、呑気に水を飲み、大人しくしていて全く危険は感じない。

体調が悪くなる

二人とも疲れていたので島に長居はしないで戻ることにした。この後、少しムンバイの街を観光してから宿に戻ろうと考えていた。

フェリーに乗り込む。出発すると海風が心地良く、ウトウト寝てしまう。15分位は寝ていたであろうか、起きるとなんだか体がだるくなっている。疲れているのだろう。そして10分後には腹が痛くなって気分が悪くなってきた。睡眠不足、疲れ、暑さからきていると思うが、早くベッドで休みたくなった。

「ホッシー、気分が悪いよ。早くホテルに行きたいから観光しないでそのままタクシーで戻っていい？　申し訳ないね」

「僕もそれでいいですよ。嵐さん、大丈夫ですか？」と心配している。

ホテルに戻って涼しい部屋で眠る。

2時間ぐらい経ったであろうか。ふと目を覚ますと、あまり気分がすぐれないし食欲がなく、胃の部分に不快感がある。するとホッシーからラインが届く。

「メシどうしますか？　いい店見つけたので行きませんか？　チャイニーズ料理もある店ですよ」

送られてきた店のメニューを見ると大好きなワンタンスープもある。よし、これを飲めば元気になるだろうし、栄養を摂って体力を回復させたい。

レストランは〝上の階級〟が来るような店で、身なりのいい客が美味しそうに食事をしている。思えば列車の中で不味い弁当を食べてから何も腹に入れていないのに気がつく。ワンタンスープと、あんかけ焼きそばを注文した。味は美味しいが胃が小さくなっているようで、更に昼からの不快感も手伝って半分残してしまった。ホッシーも満腹のようでこれ以上は食べられないと言う。レストランのオーナーが残しているのを見て残念そうな顔をしたのが印象的で申し訳ないと思ってしまう。

あの悪夢が再び

部屋に戻って休むことにした。その30分後、腹の具合が悪くなりトイレに駆け込むと下痢であった。そしてそれが数回続く。完全にやってしまったが、これは仕方ない。疲れや暑さから自分の一番弱い箇所に影響がくるのだが、俺の場合、いつも胃腸に来てしまう。一時的なものだったらいいが、長引くとこの先の列車の旅に悪影響を及ぼしてしまうのが心配だ。年を取り、長年旅を続けて良いことの一つは「自分の体がよくわかる」ことだ。体力が落ちるのは仕方ないし、体のいろんな箇所が意味もなく痛くなることもあるが、ここで休まないといけないとか、無理はここでしたらダメだ、風邪の引き始めだからこの薬飲んで早く寝よう、お腹がオカしくなる前兆だから薬飲んで安静にしてどこにも出かけないとか、いろんなことがわかってくるものだ。と、今は偉そうに語っているが、この時は明日一日安静にすれば快方に向かうものと思っていた。その後、俺は眠りについた。

それは夜中の3時に訪れた。激しい腹痛で目が覚める。下痢だ。そしてトイレに駆け込んで用を足した。すると、とんでもない物が目に入ってきた。パンツにベッチョリと下痢便が付きまくっている。つまり俺は寝ている時、パンツに漏らしていたのだ。情けない。俺は洗面所でごしごしパンツを洗い、下半身だけシャワーを浴びて体を綺麗にした。

俺はこの時、17年前のベトナムでやった失態を思い出した。その時はラオスで腹を下し、そのままベトナムのホーチミンに到着したが、下痢はどんどん酷くなり、食事は取らずにベッドとトイレの往復をしていた。そして夜中に何かの異変で目が覚めた。

何かがオカシイ?

直感的にそう思った。なぜケツがヌルヌルしているのか? こんな感覚は初めてだ。「うん?」。俺はそこに手をやり確認すると「シット!」と思わず叫んでしまった(本当だよ)。

その後、汚れたシーツを綺麗にする為に一生懸命に拭いたことは今でも忘れない。

あ、そうだ今回もシーツを確認しなければならない。ベトナムの時よりも量が少ないから大丈夫だろう。そんな楽観的なことを考えながら布団をめくると……見事に跡がついていた。情けない、そして恥ずかしい。

ホッシーとの別れ

「ワ、ハハハハ……、プッハハハ、朝から笑わせないで下さいよ」

ホッシーに電話すると大ウケしている。まあ、このような恥はここまで笑ってくれた方が救われる。

俺の体調は最悪だが、食欲は少しある。この日は部屋で安静にしていないといけないが、ホッシーは昼過ぎにニューデリー経由で東京に戻るので最終日だ。俺たちは宿から歩いて3分の場所にあるバーガーキングで昼食をとる。体が弱っている時には知っているチェーン店は安心する。駅前はにぎわっているが、地元の人には高すぎるこの店は金持ちそうな人が数人いるだけでガラガラだ。ウーバーなどの配達員が商品を受け取っている姿が見える。インドでは豚と牛はタブーなのでチキン、マトン、大豆のハンバーガーなどを使っているが、それでも美味しい。

宿に戻ると若いスタッフがタクシーを拾ってくれ、「空港まで550ルピー(990円)で行ってくれるよ」と言い、運転手にもオーナー自ら値段を確認して、ナンバープレートの写真を撮る。もし法外な値段をふっかけてきたら後から抗議できるからだろう。素晴らしいホテルである。ホッシーは車に乗り込む。一緒に旅をしたのはわずか1週間だが、別れるとなると寂しく感じるものだ。

「嵐さん、まだ旅は長いですが頑張って、早く体調良くしてくださいね」

車は走り出し、そして右折して見えなくなった。

バイカラ地区

ホッシーが帰国した翌日、体調がかなり復活してきた。ウイルス性のやっかいなものでなくて良かった。海外で下痢になると数日酷いのが続くものだが、早めに対処して正解だったのかもしれない。

俺が今回宿を取ったのはバイカラで、中心から少しそれている下町地区だ。グロリア駅があり、大通り沿いにグロリア教会が建つ。教会内部はお祈りをしている姿が多く、インドと言えばヒンドゥー教とイスラム教の影響下の場所しか見てこなかったので、興味深くて面白いものだ。インドにおけるキリスト教の歴史は非常に古い。現在でも南部とかで迫害が続くが、人口の2、3%がキリスト教徒なので約3000万人もこの国には信者がいることになる。

　大航海時代の15〜16世紀にかけ、日本人でも知っているヴァスコ・ダ・ガマやフランシスコ・ザビエルがインドに上陸して布教活動を始める以前からなんとインドではキリスト教が信仰されていた。十二使徒の一人である聖トマスが、イエスの命令で西暦52年にケララ州に上陸し、シリア正教の基礎を創設したという記録が残っている。トマス派と呼ばれるものは、インド南部に存在するキリスト教の一派で、東方諸教会の一つだ。

　話が脱線したが、宿の近所は小さい商店がたくさんあり、レストランやバーも多く便利で、下町人情で優しい人も多く、ウザい奴や詐欺師なども皆無だ。インドといえば野良犬が多いが、ここでは牛を見ることはあるが、犬の姿を見ないし、逆に野良猫の姿が目立つ。子猫も警戒心もなく遊んでいるということは、理由はわからないが野良犬がこの辺りにはいないのだろう。もし野良犬が多い場所だったら子猫はかみ殺されてしまうからだ。宿の近くにはヴィクトリア・ガーデンがあり、その中には博物館があったので行こうとしたが休館であった。動物園もあるのだがインド人50ルピー（約90円）で、外国人価格が10倍の500ルピー（約900円）と、相変わらずの納得いかない価格が提示されている。インド人も金持ちがかなりの数いるのだが、この外国人差別は昔からバックパッカーに評判が悪い。イギリス植民地時代からの恨みで外国人に復讐しているのだろうか。動物園に入ろうかなと考えたが運の悪いことに今日は日曜日で家族連れが多く超満員。インドは人口が多すぎるので休みの日の行楽地はとんでもない状態になってしまうので、諦めて退散した。

麻婆豆腐大好き

俺は麻婆豆腐が大好きで目がない。旅での楽しみの一つは海外のチャイニーズ・レストラン（以下・チャイニーズ）でそれを食べることだ。俺は体調が復活したし、麻婆豆腐を食べたくなったが、インドでは困ったことがある。インド中華というものが既に存在して、チャーハン、焼きそば、独特のエビチリなど既に国民食として定着している。チャイニーズの看板を掲げている場所でもインド人の舌に合わせているので、こっちの食べたい料理に出会えないことが多い。2010年にムンバイの中心街で高級感漂うチャイニーズで麻婆豆腐を食べたが驚いた。豆腐が賽の目みたいな大きさで、定食屋の味噌汁でももっと大きな豆腐が入っているぞと思いながら、箸ではもちろん豆腐は摑めないので、スプーンで掬って口に入れてみると味は普通の日本風・麻婆豆腐のもので安心したのを覚えている。

昔はチャイニーズに行きたくなった場合、ガイドブックで紹介されている店や、歩きながら探すか、地元の人に聞く方法があったが、それには限界というものがある。今ではスマホで調べるとたくさんの店が出てきて、評判や写真、メニューと共に出てくるのは嬉しいことだ。俺はメニューに麻婆豆腐が記載されている店を見つけた。そこはバイカラ地区にあり、昼間に歩いて見たことのある建物だった。

18時ピッタリにレストランに入るが、店内が暑い。普通、客が来ていないうちから店内を冷やさないといけないと思うが、俺が来てからエアコンのスイッチを入れる。更に店主とスタッフはやけに不愛想で感じが悪く、正直、中に入ったことを後悔する。すると日本語で「日本人？」と中年のウェイターが話しかけてくる。彼によると数年前まで日本で働いていたそうで、コロナが始まってから仕事が無くなり、インドに戻って来たそうだ。

メニューを見ながら「麻婆豆腐」と伝えると彼は
「あのね、日本にある麻婆豆腐とは違うよ。肉も野菜も一切入っていない豆腐だけだよ」

と言う。よくわからないが挑戦してみよう。

あんかけチャーハンがやってきたが、かなり美味しい。そして麻婆豆腐が運ばれてきたが奇妙だ。豆腐だけが赤く染まり、わずかに何かと和えている。水分はほぼなく、豆板醬、唐辛子、香辛料、片栗粉は少し使っているようだ。食べてみる。うわ、美味い。ウエイターが

「美味しい？」と心配したように言う。

「かなり美味しいですよ」

日本風の麻婆豆腐ではない。北京風、四川風とも違い、豆腐がしっかり個性を醸し出して主張し、それを周りの香辛料や調味料が支えている。辛さも少しピリッとするくらいで美味しい。それにしても世界の麻婆豆腐は奥が深いものだ。来て良かったと思い、大満足だった。

世界にはまだまだ知らない麻婆豆腐が存在する

第四章

旅行者が行かないプネー

インド人は性善説？

ムンバイから列車で3時間半移動した場所にプネーという中級都市がある。この街に俺の友人のカンノさんが2か月前から奥さんを伴って赴任していた。彼と知り合ったのは18年前のブラジルのサンパウロで、共に遊んだ仲だ。せっかくインドに行くのだからプネーに寄らないのは考えられないことだった。

ムンバイ発は12時45分で、16時半にはプネーに到着する予定だ。着いたらホテルにチェックインして19時にはカンノさんと遊びに行こう。

今回はムンバイ中央駅ではなくチャトラパティ・シヴァージー・ターミナル駅（旧ヴィクトリア・ターミナルで、以下CST駅で表示）の始発なので遅延も考えにくい。アプリで過去数日間の運行状況を調べると、定刻通りに出発している。俺は11時に宿をチェックアウトしてタクシーでCST駅に向かった。駅の外観はインドを代表するヴェネツィア・ゴシック様式の建築で素晴らしい。観光地にもなっていて、現役の駅なのに2004年には世界遺産に登録されている。

駅構内に入り、電光掲示板に目をやり列車番号を確認すると……「遅延で14時30分発」

と表示がある。嘘だろ。なんで今日に限って。それに始発のはずだろ！　全く予期せぬことだったので落胆し、この構内の蒸し暑さに辟易した。

俺は下のクラスが使う待合室に移動してみるが、イスが少ないので座れない。シャワールームがあって、それを浴びて体を拭いている人がいる。皆、俺が珍しいのかジロジロと見てくる。白人や東洋人の姿は一切ないので完全にアウェー感覚だ。座る場所もないので移動し、電光掲示板の前に腰をおろして本を読み始めた。それにしても暑い。インドを代表する駅、普通の国だったら空調は完璧だろう。ここにはクーラーはなく、ファンが回っているのだが、屋根の一部分を工事していてそこの部分はファンがないので風が無く暑い。空港で待ち時間を

駅構内。暑すぎる…

過ごすのとはわけが違う。一人なので荷物の心配もしないといけないが、不思議なことにインド人は自分の荷物があって買い物やトイレに行くとき、隣の人に一声かけて見てもらうのだ。どこのどいつかわからない他人を信用して大丈夫なのかと思ってしまうが、インド全土でこの「人に荷物を見てもらう習慣」が行われていた。性善説で成り立っているのだろうか?

イライラ

時刻は14時30分。出発予定時刻なのに表示は全く変わらないし、アナウンスもない。アプリを見ても何も情報がないし、もしかしてキャンセルってことはないよな。不安がよぎるし、汗で服は濡れ、暑さでイライラが増してくる。

俺は場所を移動することにした。アプリに4番線から出発と書かれていたのでとりあえずそこに向かうと、列車がホームに入ってきた。もしかしてこれかと一瞬、喜ぶが行先が違うし、どうやらこれではないらしい。

俺は4番線の近くにあるベンチに腰かけた。時刻は14時45分。俺の隣には身なりのいい紳士が座っていて、俺が珍しいのか声をかけてきた。彼は友人を駅に迎えにきたそうだ。俺は自分の列車のことを伝えると、彼は心配してくれる。すると現地の言葉でアナウンスがあった。紳士はそれを俺に伝える。

「君の列車は到着するのにしばらく時間かかるみたいだよ」

「始発なのに遅れるってどうなっているのですか？」

「乗ろうとしている君の列車だけど、どこかの街からやって来る際にムンバイ到着が遅れ、一回車庫に入って清掃などをしてから始発駅に入線してくるんだと思うよ」

「頻繁にインドの列車は遅れるのですか？」

「あ～　よくあることだよ」

15時20分に表示が点滅された。やはり4番ホームのようだ。良かった。これだと19時にはプネー駅に到着出来る。優しい紳士は「良かったね。楽しい旅にしてね」と言ってくれたので俺は彼にお礼を言い、握手して別れた。

ホームはかなりの長さがあり、ちょうど中間地点まで歩いて行き、そこにカバンを置いて待つ。俺の中では数分後に列車が入線してくると思った。すると、列車の警笛の音が

「プウ〜　プウ〜」と聞こえ、やっと列車に乗り込めると嬉しくなったが、すぐに期待を裏切られる。隣の5番ホームに最新式で座席型の列車が来たのだ。そして停車して扉が開くと、いかにも金持ちそうな家族連れのインド人が乗り込んでいる。それにしてもずいぶん綺麗な車両で、これに乗って行きたくなってきた。本来、プネーまではたかだか3時間半ぐらいなので、このようなタイプをどんどん走らせるべきだ。俺の乗る列車は3Aで555ルピー（約1000円）だが、寝台式車両はその程度の区間にはふさわしくはない。

時刻は16時になった。なぜ俺の乗る列車が来ない？　すると何やらアナウンスが鳴り、乗車位置のランプが点滅された。俺は自分の乗り場まで移動してそこの位置で列車を20分待つが、まだやって来ない。さすがにイライラもマックスだ。乗客を見ると、女の子がオシッコしたいのか、母親がホームでさせている姿がある。いつの時代だよ！　トイレはちゃんとあるのでそっちに行って欲しいと思っていたら、今度は水のペットボトルを持った男がうがいをして線路に向かって吐き、顔に水をかけて洗う姿もある。ホームには洗面所がついているのでそこでやればいいのだが、これがインドの姿でもある。

最悪の列車

ここの乗り場で待っている人たちは、俺と同じ車両の乗客だ。その乗客の中に気になっている家族連れがいた。ムスリム一家らしく、男はまだ30歳位に見えるが長いアゴ髭を生やし、奥さんと思われる女性は黒いムスリム衣装をきて目だけ出している。そしてお婆さんがいて、推定8歳と5歳位の男の子がいる。俺は子供が好きなので大概は可愛いと思うのだが、この二人にはそれがなかった。この子供たちは大きな声で騒ぎ、時おり絶叫する。俺の顔を見ても不愛想。そして自由に動き回り、親のまともな教育も受けていないだろうし、将来確実に問題児になるだろう。絶対に避けたい家族だが、席が違えば問題ないわけ

ようやく安堵して乗り込んだのだが、この後が最悪だった

で、俺は深くは考えなかった。

16時半に列車がホームに入ってきて、俺は安堵し、そして乗り込んだ。席は六人掛けなのだが、周囲がいきなり騒がしくなってきた。あの五人家族が俺と同じところにやってきたのだ。そして驚くほどの大量の荷物を持っている。引っ越しか、買い付けの仕事でもしているのか、大きな段ボール一つと小さいのが三つあり、私物のカバンやスーツケースもある。大きな段ボールは下の棚に入りきらず、はみ出す形で俺の前に置かれ、足が延ばせない最悪の状態だ。しかも彼らは俺に何も遠慮がなく堂々と荷物を置いていく。

「荷物が多くてごめんね」とか「君のスペースが無くなるけど大丈夫?」とか気を使ってくれるならまだしも、当然のように荷物を置いていく。更にサイドシートにはジャイアンのような風貌の体の大きい奴と友人がいる。ジャイアンとその友人は大声で話してうるさいし、早くも嫌な予感が漂ってくる。

列車は17時16分に、約5時間半遅れて出発した。これだとプネー到着は21時になるだろう。すでにシンドクなってきたので一刻も早く到着してカンノさんと酒を飲みたい。

列車が出発すると、婆さんと言っても60過ぎた女性が三段ベッドに上がって休み始めた。

それにしても居心地が悪い。窓側は彼らに荷物を占領されてスマホの充電も出来ず、目の前にアゴ髭男が座っているが、目に生気がなく、俺のことは全く眼中に入っていないようだ。それにしても彼らの荷物は足の置き場に困るし邪魔だし、なんでこんな席になってしまったのか、自分の運を呪うしかない。女性の方は5歳位の子供をあやしている。すると次の停車駅で「アゴ髭男」が女性に何か言ってどこかに行ってしまった。たぶん彼は他の車両に本来の席があり、そこに戻ったのだろう。例えば日本人の五人組がバラバラの席になったらそこで大人しくその時間は過ごすと思うが、インド人は遠慮なく友人、知り合い同士で座ろうとする。

いい加減にしてくれ

現在、俺の前には女性と子供二人が座っているが、ガキ二人は常に騒いでうるさく、俺を変な目で見てくるし、動き回って落ち着かない。この席になったのは運が無いとしか言えない。女性は子供たちが言うことをきかないと頭を殴り、そして子供は泣く。子供の世話が大変なのはわかるが、放りっぱなしだ。

8歳が動きまくってジュースをテーブルにこぼしてしまった。普通の母親だったら拭くはずだ。俺は様子を見ていた。女性が俺に「拭くものを持っていますか？　困っています」と言ってきたら助けようと思っていたのだが、眼中に入っておらず、俺など世の中に存在してないといった態度だ。そして女性は「あ～あ」と言い、子供をぶつだけでそのまま放置。汚いじゃないか。

更に女性が飲んでいたチャイを、5歳がテーブルにこぼして殴る。もちろんこぼしたまま放置だ。5歳の子供と女性が寝ると、テーブルにこぼれて残っていたチャイ&ジュースを8歳の子供が口を付けて吸っている。化け物か！

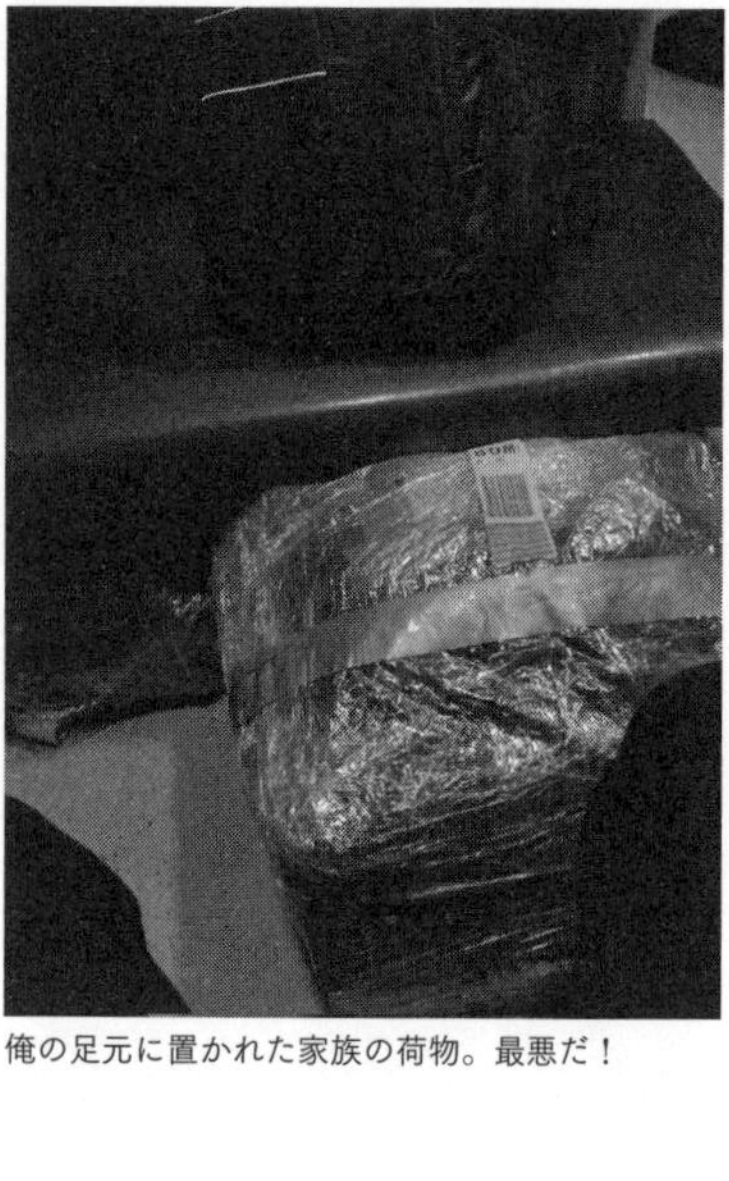

俺の足元に置かれた家族の荷物。最悪だ！

足は伸ばせない、ガキは最悪、更にサイドのジャイアンがうるさい。車掌がチケット検札にやってきたが、ジャイアンはチケットを持っていないのか、しばらく強い口調で車掌と話している。そしてチェックすることもなく車掌は行ってしまった。無賃乗車か？　それともこの男はインド鉄道の社員なの？　もう、何がなんだかわからなくなる。

ある駅で真面目そうな25歳位の男が乗り込んできた。彼はチケットを見ながら席を確認している。どうやらジャイアンが寝そべっている席のようだ。男はジャイアンに何か言うと、奴は激しい口調でなにやら言い返し、その男は苦笑いしながら「仕方ないな」という表情で俺の席の前に座った。席がもっと狭くなるだろ！　チケットを持っている人が来たのだからジャイアンはどけばいいのだ。だが奴はシーツを敷き、毛布も掛けてくつろいでいる。ジャイアンとこの男との間に不穏な空気が流れると思いきや、二人は世間話などをしている。どうなっているのか。その15分後、ある駅に到着すると、ジャイアンは自分の荷物を持って列車を降りた。そこに先ほどの男が新しいシーツを敷いて陣取る。俺は男に話しかけてみた。英語は上手いし、感じのいい人だ。彼によると自分の席にジャイアンがいて「俺の席だからどいて」と言うと「どうせもう次の駅で降りるんだからここに居させてくれ」と言われたそうだ。

「言い争いしても面倒だからそのままにしたよ」と笑っている。

「あの男はチケット持っているの？」

「わからない。持ってないかも」

そんなことはインド鉄道では普通のことなのだろう。それにしても車掌にもチケットを提示してなかったし、謎である。

飯の時間

時刻は19時半になり、弁当の売り子が大勢行き交う。本当だったら今頃プネーで食事でもしているところなのだが、まだ2時間ぐらいかかる。いつの間にか席に婆さんと男が戻り、俺のいる前に座って弁当を食べ始めた。女性はムスリムなので目だけ出し、水を飲む時や食べる際も、暖簾をあげるようにして口に入れる。宗教とは言え、大変だなと思っていると、カレーを手で食べる際、面倒になったのか、ついにベールを脱いだ。車内だし、目の前には得体のしれない東洋人。まあいいか、ということなのだろう。8歳と5歳の子供がいるし俺は勝手に30歳前半の女性かと思ってたが、ガッカリと言ったら失礼だが老け顔で推定50歳ぐらいに見える女性だった。

時刻は21時20分。もうあと一駅なので荷物を出して降りる準備をする。カンノさんはホームで待っていてくれるそうだ。

駅の停車時間は、小さな駅が1～2分間で、そうなると10分ぐらい前からドア付近で大きな荷物を持って待機しているので、俺がトイレに行くときに通るのが大変だ。比較的大きな駅は5分。さらに大きな駅は10～15分で、プネーには10分間停車予定なので到着してから降りても充分に間に合う。俺はカンノさんに連絡して「あと一駅なので待っててね」と伝えるが、突然列車が停まってしまった。どうなってんの？　そのまま10分経過。カンノさんからは「スマホの充電のためにちょっとホームから外れます」との連絡が。各駅には充電スペースがあるのでそこに移動しているのだろう。

更に10分経過。なぜ動かない。カンノさんに連絡すると

「ホームに列車がずっと止まったままで、おそらくそれが動いたら嵐さんの方も移動すると思いますよ」と返事がある。そして10分後にカンノさんから「列車が動きましたね」と連絡が入ると、こっちもゆっくりと動き出した。橋を渡り、明るいホームが照らし出さ

れ、俺はホームに降り立った。時刻は21時50分になっていた。停車位置を教えていたのでカンノさんがいるかと思ったがいない。ホームは長くてどこにいるかもわからないし、電話をしても出てくれない。ホームではSLクラスやジェネラルの人たちが売店で買い物をしている。

俺が乗ってきた列車が警笛を合図にゆっくりと出発する。ホームで買い物していた乗客は走ってドアに向かう。列車が去ると、それを待つかのようにカンノさんがやってきた。俺たちは握手を交わした。

「こんな遅くまで待っていてくれてありがとうございます」

「いえいえ、来ていただいて嬉しいですよ。荷物を一つ持ちますよ」

相変わらず優しい人だ。カンノさんによれば、駅の中に入るのは今回初めてで、出張の時も住み始めてからも列車を使ったことがないという。

「日本からの出張者やインド駐在員も列車なんてほとんど使いませんよ。みんな飛行機か、車、あるいはバスを使いますね」

インド鉄道は信用出来ない。急なキャンセルや遅れがあるので予定が組めないのだ。今回もしビジネスで夕方17時からの会合があったとしたら、それに間に合わなかったわけで、あてにならない。俺の方も列車の縛りがなく、自由な旅だったらもうこの時点で三回列車に乗って経験できたし、飛行機とバスを移動手段として使うことを考えただろう。

最高の一杯

俺はプネー駅から歩いて宿に向かおうと思っていた。調べると5～6分で着いてしまう。カンノさんが言う。

「せっかく嵐さんが来たのに、歩きなんて失礼です。配車アプリのオラで行きましょう」

オラとはウーバーやグラブのようなインドのメジャーな配車アプリだ。駅は大きく、一歩外に出ると凄く大勢の人がいる。

俺は予習をしないでプネーに到着したのだが、ムンバイの内陸に位置しているこの街は、国内8位の500万人ほどの人口を擁している大都市だった。標高約600mのデカン高原にあって、富裕層の避暑地として発展したそうだ。

「オラがつかまりませんね」とカンノさん。

「歩いて行きましょうよ」

「じゃあ、オートリキシャにしましょう」

駅の正面を出るとオートリキシャの男が「乗ってけ」と言う。カンノさんが場所を伝えると
「知っている所だ。とにかく乗れ。100ルピー（約180円）だ」

この男は本当に場所を知っているのか心配だ。インドの運転手は客を欲しいが為に、とにかく乗せてしまうことをやるからだ。俺は駅から宿の場所を頭に入れていた。リキシャが走り出す。あれ？　反対方向に向かっているぞ。

「おい、反対じゃないか！　あっちだよ。場所を知らないいじゃないか！」

俺が怒鳴る。

「OK大丈夫だよ」

絶対にわかってないのに大丈夫という。それに絶対に非を詫びないのは階級関係なく全インド人に共通している。俺がマップを見ながらナビゲートをしてようやく到着したが、最初から歩けば良かった。

ホテルは一泊3500円の朝食付きで、外観は明るい。100ルピーを運転手に払うと「チップちょうだい！」と言ってくる。場所がわからないのに知っていると言い、全然違う方向に行こうとして客にナビゲーションやらせたのに、この言葉だけは忘れないようだ。もちろん無視して中に入る。

ホテルの受付の男はやたらと不愛想であった。こんな態度ならホテルマンを辞めた方がいいと思う。部屋は大きな南京錠をかけるタイプで、二人の男が説明してくれるが一人は英語が全くわからない。トイレットペーパーがないのでそれを頼むが、インドの中級ホテルでは言わないと紙を持ってこない。そしてカンノさんがお湯をチェックするが、全然出ないので抗議すると「朝の7時から3時間だけ出る」という。クソ暑いとはいえ、室内はクーラーが効いているし、まあ、仕方ないか。俺たちは宿の前にあるホテルに「バー」という看板を見つけてそこに入ることにした。

「乾杯〜〜」

俺たちはプネーでの再会を喜んだ。サンパウロで遊び、東京で会い、彼の住んでいた名古屋でも一緒に酒を飲んだが、プネーで飲む酒も格別だ。

これがインドなんだ！

ビールを飲みながらいろんな話で盛り上がっているが、注文した焼きそばとビリヤニがまだ来ない。店内には男ばかり四人ぐらいのグループが四つあり、日本の居酒屋のように大声で盛り上がり、忙しそうなので忘れている可能性がある。カンノさんがスタッフに尋ねると、彼らは注文を確認してから戻ってきてこう言う。

「わかってます。これから来ます」

カンノさんは「これ絶対にオーダーを通してなくて忘れていたんですよ」と言う。

インド人はこんな時にも「すいません急ぎます」と、自分の非を認めず、謝ることはしない。カンノさんもインド人と働いていて困るのは主に三つ。

1. 相手が悪いのに絶対に謝らない。
2. 嘘を平気でつく。どうせすぐにバレるのに。
3. 独特なインド英語がわからない。インド人は英語を話すが非常に聞き取りにくい。

俺が今回の旅で感じたインドに対する不満をカンノさんに伝えると
「これがインドなんですよ！」と語気を強めて言う。更に続ける。

「日本の常識で物事を考えるとインドでは頭にくることばかりで、ストレス溜まってしまいます」

つまり「日本の常識はインドの非常識」みたいに考えて、これがインドなんだよ、インドだから仕方ないと、それを楽しめたら勝ちで、飲み込むしかないそうだ。更に言う。

「日本の常識をそのまま持ってくる人は、インド人と付き合うのが苦労しますよ」

現にインドに赴任してしばらくしてから精神に異常をきたして帰国する駐在員や、帰任を要求する人もいるそうだ。

もう俺も何かストレスを感じたら「これがインドなんだ！」と思うようにしよう。

「あの～　閉店時間が近いので会計お願いします」とスタッフが我々に言う。

時刻は23時をとっくに過ぎているが、まだ料理が来ていないではないか。それを伝えると、10分後にそれらが運ばれてきた。

これがインドなんだな。

プネーの一日

プネーもこの時期は殺人的に暑く、本日の最高気温は40℃になっている。観光する場所も特にないし、夜にカンノさんと会うまで休養していよう。

プネーは1000年以上の歴史がある街だが、17世紀まで小さな交易をやるバザールの街にすぎなかった。18世紀になりマラーター王国がこの街を首都として定めた。マラーター王国はムガル帝国を衰亡へと追いやり、1819年にイギリスに滅ぼされるが、意識の高いプネー市民はイギリス文化を取り入れ、インドの社会的指導者を輩出していく。

プネーは大きな街だが、インドでもっとも緑の多い都市の一つとして知られている。国内ではもっとも治安が良く、また研究の中心として「東のオックスフォード」と呼ばれ、インド有数の学術都市でもあり、プネー大学をはじめインドの有名大学がたくさんある。更に産業都市でもあり、自動車メーカーと部品メーカーの集積地となっている。近年ではIT都市としても発展し、「東のシリコンバレー」とも呼ばれている。

朝食を食べてさて、どこに行くか。プネー観光には興味ないし、駅周辺をウロつくことにした。駅は巨大だが近くから見ると古くて少し汚い。駅舎はクーラーがないので暑いのに、入口の床には何人も寝ているし、外の日陰部分にも人が横たわっている。インドあるあるで、「人が駅で寝ている」というのがあるが、この暑さでよく寝られるものである。床がタイル張りで冷たいからなのか、人が多いので防犯面や野良犬の襲撃がないとか、そんな理由があるのかはわからない。それにしても大勢の人が行き交いしている中で寝られるのには感心させられる。駅から地下通路を抜けるとバスターミナルがあり、「ムンバイ?」とか行先を尋ねられる。駅周辺をしばらくウロつくが部屋で休むことにした。

18時半にホテルの前にカンノさんと奥さんがやってきた。奥さんと会うのは初めてなので挨拶する。カンノさんはオートリキシャを呼んでくれ、これから新市街に行くようだ。すると、奥

なぜか鉄道駅の床には人が寝ている

さんはマスクを付け始めた。聞くと「空気が悪いから」。確かにニューデリーも酷かったがこの街も排気ガスが凄く、走行中に俺も時おり口を抑えることになる。

街を走りながら気が付いたのは野良犬がやたらと多いこと。大型犬が徘徊しているのは怖い。カンノ夫妻も犬には凄く警戒しているようだ。

新市街のにぎわっている通りに入った所でリキシャを降りる。若者が多く、チェーン店やブランド店が並び、お洒落なカフェもあり、駅周辺とは雰囲気が全く違う場所だ。

最高の場所

オートリキシャで高級ショッピングモールに移動した。インドのこのような施設では入口でセキュリティ・チェックをやらないといけない。ただかなりいい加減なもので、特に何も言われないでスルー出来る。館内に入るが涼しく快適で、ここは本当にインドかと思わせるような高級ブランドが売られ、フードコートには世界的なチェーン店が並ぶ。

「ちょっとスーパーマーケットに行きましょう」とカンノさん。奥さんはインド料理が嫌いなようで、一番好きなのは日本食。だがプネーにはまともな日本食を出す店はなく、食材も乏しいという。

「ムンバイやデリーでしたら日本食も美味しい店があるし、食材は手にはいるけど、プネーはきついですね」とカンノさんが言う。

店には世界中の食品が並び、日本の物もあるのだが、値段が3〜5倍もするではないか。

「嵐さん、お腹空いたでしょ。嵐さんの大好きな麻婆豆腐が美味しい店に行きましょう」と、隣にあるマリオットホテルにカンノさんは連れてってくれる。かなり高級ホテルなのだがインド人のカップルがロビーで記念撮影をしている。日本からの出張者もここに泊まる人が多いようだ。

エレベーターで上階に上がると、そこは高級感漂い、インドにいるとはとても思えない。俺たちはビールを頼んで乾杯。向かいの席にはインド人の若い女性が三人、楽しそうに会話している。この人たちは一体、どんな仕事をしていて、どんな家に住んでいるのか。貧しい人が多く、貧富の差がこれほど激しいと、いちいち金持ちの人のことが気になってくる。

チャイニーズ料理は麻婆豆腐も含めて美味しい。奥さんは「インドは苦手だから早く日本に戻りたい」なんて言う。確かに駐在員の奥さんとしては日本食が少ないし、いろいろ不便なところも多いインド生活は大変であろう。

「水道やガスなどのトラブルがあって電話しても全然来ないし、毎日停電もあるし、インド人との仕事もいろいろ大変ですが、海外に赴任したかったので何だかんだ楽しいですよ」とカンノさん。奥さんも早くインドに馴染んで欲しいと思うが、無理そうだ。

カンノさんにご馳走になり、宿まで送ってもらった。カンノさんと奥さんに別れの挨拶をしてお礼を言って別れた。

次に会うのはいつのことかな。

インドの言語問題

この日はゴアに移動する日だ。列車の出発時間は17時10分。

13時にチェックアウトをして荷物をホテルに預かってもらい、近くのバーに入る。外は38℃ぐらいで暑く、特に行きたい場所があるわけではないので時間を潰したい。

バーの中は客が数人いて、愛想の良いウエイターが「どこから来たの？」から始まり、

POST CARD

料金受取人払郵便

小石川局承認

7741

差出有効期間
2025 年
6月 30 日まで
(切手不要)

112-8790
127

東京都文京区千石 4-39-17

株式会社　産業編集センター
出版部　行

★この度はご購読をありがとうございました。
お預かりした個人情報は、今後の本作りの参考にさせていただきます。
お客様の個人情報は法律で定められている場合を除き、ご本人の同意を得ず第三者に提供することはありません。また、個人情報管理の業務委託はいたしません。詳細につきましては、「個人情報問合せ窓口」(TEL：03-5395-5311〈平日 10:00 ～ 17:00〉)にお問い合わせいただくか「個人情報の取り扱いについて」(http://www.shc.co.jp/company/privacy/)をご確認ください。

※上記ご確認いただき、ご承諾いただける方は下記にご記入の上、ご送付ください。

株式会社 産業編集センター　個人情報保護管理者

氏　名《ふりがな》

(男・女／　　　歳)

ご住所　〒

TEL：

E-mail：

新刊情報を DM・メールなどでご案内してもよろしいですか？	□可　□不可
ご感想を広告などに使用してもよろしいですか？	□実名で可　□匿名で可　□不可

ご購入ありがとうございました。ぜひご意見をお聞かせください。

■ お買い上げいただいた本のタイトル

ご購入日：　　　　年　　月　　日　　書店名：

■ 本書をどうやってお知りになりましたか？

- □ 書店で実物を見て
- □ 新聞・雑誌・ウェブサイト（媒体名　　　　　　　　　　　　）
- □ テレビ・ラジオ（番組名　　　　　　　　　　　　）
- □ その他（　　　　　　　　　　　　）

■ お買い求めの動機を教えてください（複数回答可）

□ タイトル　□ 著者　□ 帯　□ 装丁　□ テーマ　□ 内容　□ 広告・書評
□ その他（　　　　　　　　　　　　）

■ 本書へのご意見・ご感想をお聞かせください

■ よくご覧になる新聞、雑誌、ウェブサイト、テレビ、よくお聞きになるラジオなどを教えてください

■ ご興味をお持ちのテーマや人物などを教えてください

ご記入ありがとうございました。

日本人が珍しいのか質問攻めだ。すると、60歳位の紳士が俺の隣に座り、ウイスキーのショットと炭酸水を頼み、それを飲みながらタバコを吸い始めた。他にも空いている席があるのに俺の隣に座ってきたので少し警戒する。そして俺にフレンドリーに話しかけてきたが、どうやら珍しい東洋人と会話をしたかっただけのようだ。彼はコルカタ出身。ビジネスでプネーに来て、バーの上にあるホテルに宿泊しているようだ。俺が列車の旅をしていると言うと興味を示している。

「インドには言葉の問題があるよ。この国は国土が大きく、言語も多いんだ。だからインド人同士で言葉が通じないことも多々あるんだ」

「英語やヒンドゥー語が通じないのですか？」

「共通語のヒンドゥー語や英語は、下のクラス人たちは話せない人が多い。なので同じインド人同士で会話が成り立たないんだ。昨日もいろいろそれで大変だったんだ。これはインドの問題だ」

そういえば、俺が泊まっていたホテルのスタッフでも全く英語が出来ない人がいたし、紳士によると、ヒンドゥー語をわからないスタッフもいるという。

「日本人は日本語だけで大丈夫でしょ？」

「はい」

「この国はとにかく複雑なんだよ」と説明してくれる。

言語の問題は深刻で「州境を超えた瞬間から書かれている文字や、話している言葉が違ってくる」と、インドを愛する旅人が語っていたのを思い出す。

インドでは現在（2023年時点）で28の州と八つの連邦直轄領によって成り立っている。それぞれの州ごとに公用語を持ち、現にプネーの人たちも現地語の「マラティ語」を話している。これはインドの連邦公用語のヒンドゥー語とも全く違うようだ。ちなみに準公用語として英語が指定されていて、インド人同士が英語で話しているシーンをたくさん見ている。そして憲法によって認定された主要言語は18を数える。インドには地域言語が800もあると言われていて、気が遠くなるしわけがわからなくなる。

だからインド人は、大声で話し、人に迷惑をかけても気にしないで平気で嘘をつき、クラクションも遠慮なく鳴らす。国土が大きく、人口が多く、人種、言語がこれほど多彩だと、大人しくしていたら誰も気が付いてくれないし、損をする、人生に負けてしまうのだと思う。人のことなど気にせず自分や家族ファースト。そうじゃないとこの魑魅魍魎の国では生きていけないのか。その遺伝子を受け継いでいるのが現在のインド人のような気がする。日本人とは何もかも違いすぎるのだ。

最悪の待合室

駅には15時に到着した。この駅には上のクラスの待合室があって、入口でチケットを見せて中に入ることが出来る。使用料は1時間20ルピーだそうで、チケットみたいな紙に入館時刻が記入されていて、それを出る時に渡すようだ。

待合室は綺麗なトイレ、クーラー、充電スペースがあるが、意外と混んでいる。俺は座って自分の乗る列車をアプリで調べると2時間遅れになっている。もう遅れることにも慣れてしまっている。列車が定刻通りに来たらラッキーと思えばいいのだ。

俺の右前にラフな格好して髭がモジャモジャの男がいた。この男は大声で友人と話し、電話の着信音も大きくて気に障るし、そして電話で話す声がうるさい。おまけに自分の荷物を他の座席に乗せて二つも余計に独占している。他人への気遣いは皆無。でも「これがインドなんだ」と俺は頭で整理する。

「髭もじゃ」の足はサンダルを脱いで裸足だ。その足が黒くて汚く、そして臭そうだ。こんな人まで上のクラスの列車に乗るのか、嫌だなと思っていた。すると、「髭もじゃ」は俺の座っている椅子のわずかなスペースに汚い足を伸ばして置いた。

「汚い！」

俺は心の中で叫ぶ。抗議したいがこう来るとは思わなかったので俺もどうしていいかわからないし、こんな非常識なことをされたことは一度もない。

そうだ。これがインドなんだ！

と、カンノさんの言っていた言葉を思い出すが、「いや、そうじゃないだろ！」と慌て

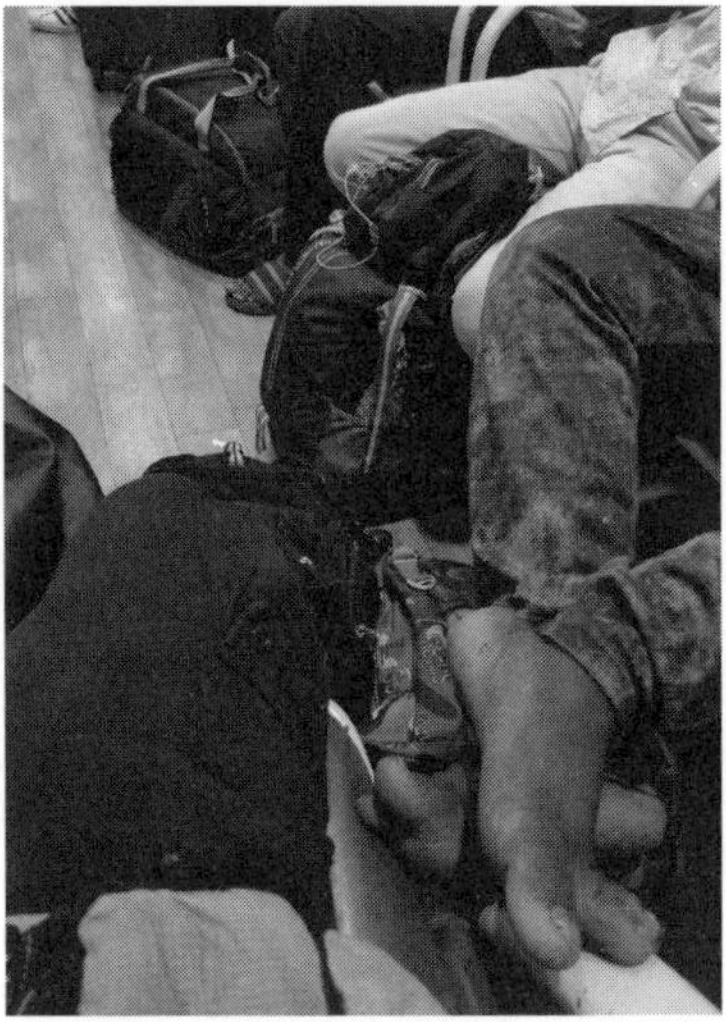
こんな汚い足を置かれたら旅が嫌になります

て打ち消す。俺はなぜだが怒りは湧いてこなかった。数分間この状態が続くと、別の男が「髭もじゃ」に自分の荷物を見てくれと頼んだ。その時に足を置くのを止めたのだが、俺だったらこいつには絶対に頼まないと思うが、それも不思議だ。

列車が到着

俺の乗る列車がやってくるようだ。今回は2Aのランクで席はサイドの下。値段は1355ルピー(約2440円)。俺も四回目の乗車なので少し慣れてきている。

車内に入るが、今回の2Aの車両はデリー→ジャイプール間に使用していたものよりも新しくてかなり綺麗であった。自分の席を見つけるが、そこには既にシーツが敷かれている。きっと前の客が使ったのだろう。俺はそれをどかして上段に荷物を置くと、20歳ぐらいの女性がやってきた。

「あの~私、その席にずっといたのですが、この四人席の上段と替わってくれないかしら」と言う。

冗談じゃない。インドのいつものパターンだ。

「悪いね。俺は腰が悪くて、この席じゃないとダメなんだよ」とキッパリと言うと、向こうも納得したようだ。彼女は両親と三人で乗っていたが、皆、英語が上手でイイ人たちであった。弁当の売り子がきたら、中身とかを説明して助けてくれる。ただ、彼らは出発して3時間後にいつの間にか降りてしまっていた。

列車は2時間遅れの、19時10分に出発した。乗り込むとすぐにスタッフが夕食の注文を取りにきたのでチキンビリヤニにした。プラスチックのスプーンが付いていて車内で食べるのには適している。だが味は美味しいのだが、辛すぎて困る。その後、チャイを注文して飲みながらくつろいでいた。サイドの下の席はスマホの充電が出来るし、景色も見られる。余計な荷物は誰もいない上の席に乗

赤く染まったチキンビリヤニは辛すぎた

せられる。それに2Aはカーテンが付いているのでプライバシーも完璧でかなり楽しくなってきた。スマホを見て、読書をして時間を潰す。外はだんだんと暗くなり、1分位停車するローカル駅の灯りが寂しく輝き、そんな駅にも何人もの人がベンチで寝ている。夜の23時まで、列車旅は最高だった。

寝られない

ゴアのマドガオン駅に到着するのは朝5時半なのだが、アプリで確認すると6時半になっている。俺は疲れもあって眠りについた。

インド鉄道はたくさんの駅に停車する。俺の中ではゴアまでの間に大きな街はないと思っていたので、降りた乗客の席は夜中には誰も来ないままの状

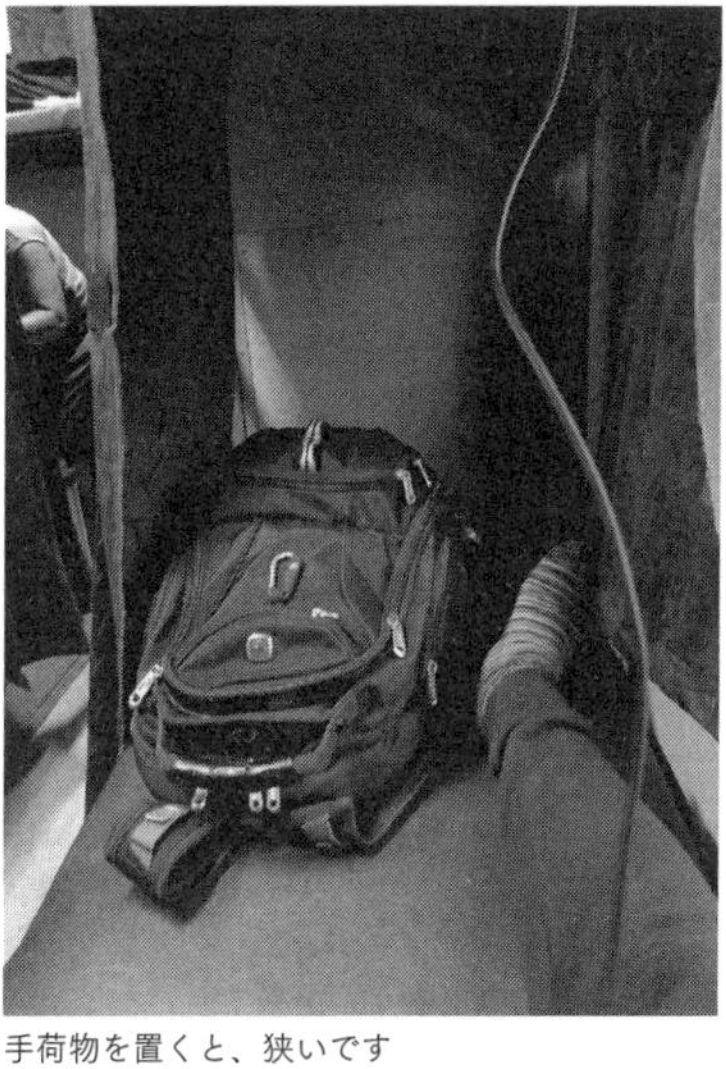

手荷物を置くと、狭いです

態になっていると思っていたが、予想に反して乗降者が多いのは困ってしまう。全く寝られないのだ。降りる人の目覚まし時計の音、降りる気配、そして人が乗り込み、灯りがついて大きな声がして、カーテン越しに人と当たり、中には勝手に俺のカーテンを開ける者もいる。よって、何回も起こされてたまらない。それに目を覚ますたびにアプリで運行状況をチェックし、時間を気にしないといけない。要するに気が休まらずに全く熟睡できないのだ。今回は終点でないので間違わないようにしないといけない。

到着は6時半なので6時に降りる準備をしたが、突然、暴風雨になり列車は停まってしまった。実はこの数日前にインド鉄道は追突事故を起こして多数の犠牲者を出している。家族や友人から心配して連絡がきていた。この時も、こういう時に事故が起きるんだよなと呑気に構えていた。

ようやく列車はノロノロと動き出し、7時少し前にマドガオン駅に到着した。

第五章

開放的なゴア

コルバ・ビーチ

ゴアというのは街の名前ではなく一つの州のことで、州都としての役割があるのはパナジ市、ヴァスコ・ダ・ガマ市やオールド・ゴアだ。

人口約150万人のゴア州は、奈良県と同じぐらいの面積で、1510年〜1961年までポルトガルの支配を受けていた。昔からヒッピーが集まる場所としても有名で、レイヴ・パーティーや、ドラッグをやりに来る者も多い。

今回はシーズンオフということもあり、鉄道駅から近くて便利なので、「コルバ・ビーチ」近くのコテージに宿を取っていた。

列車から一歩出ると大雨だった。乗客は屋根のある場所まで大急ぎで移動する。ただ雨量は多いが風はないので傘があればどうにか歩けそうだ。俺は折りたたみ傘を出して、長いホームを進んで行く。タクシー・カウンターで申し込み、車に乗り込んだ。出発すると、雨は小降りになってきたようだ。朝なので人通りがわずかしかなく、空気が澄んでいるように見える。

天然の入江を持つゴアは、インドでは最も裕福な州の一つで、昔から鉱業が盛んだ。良港に恵まれ、そこを狙われて1510年にポルトガルに占領された後、香辛料貿易航路の拠点となり栄える。オールド・ゴアはリスボンを模して造られた街だ。ゴアのシーズンは10月〜3月で、6月〜9月になるとモンスーンの季節になり、大雨や強風が吹いて最悪になる。6月1日に俺はゴアに到着したので天気は運次第だが、幸先は悪そうだ。

宿に到着したが、受付には誰もいない。仕方ないのでしばらく待っていると首輪をした犬がやってきたが、番犬になっているのか、やたらと俺に吠えてくる。この犬はとりあえず客には全て吠えていて可愛くない。するとその音に目を覚ましたのか、スタッフの30歳ぐらいの男女がやってきた。俺は到着時間を知らせていたので「ようこそ」と言って紅茶を出してくれた。雷で今は停電になっているようで、チェックインはパソコンが復旧するまで待っていてくれという。

「いつもこんな天気なのですか？」

「いや、今日だけだよ。いつもは晴れているよ」と返してくる。良かった、俺はゴアがモンスーンになって最悪の天候も頭に入れていた。

ようやくチェックインが出来ることになったが、支払いは現金だけだという。クレジットカードは不具合で使えないと、またこのパターンだ。俺の泊るような中級ホテルでクレジットカードが使用出来ないのは困る。仕方なくATMで下ろさないといけないので歩いて向かうが、宿の前の細い道を進もうとすると、30m先に犬が三匹、俺の様子を伺っているのが見えた。俺は犬が苦手で、このような状況になったら近づかないようにしている。この犬たちは吠えて来るのか、凶暴なのか、あるいは人間に慣れているのか全く情報がないのでわからない。仕方なく門の所で10分間待っていると犬はいなくなっていたが、この街には野良犬がかなり多そうだ。

列車旅は疲れる

俺が泊まる部屋はコテージになっていて庭があり、室内も広く、ダブルベッドとシングルベッドがあるが、クーラーは付いておらず、ファンだけある。俺はシャワーを浴びて洗濯して、昼寝しようとしたが停電になってファンも回らず、暑いのでドアを開けっぱなしに寝ていたら、1時間後女性スタッフがわざわざ「電気がついたわよ」と伝えてくれた。起きたが寝汗が凄い。それにしても列車の旅は、自分にとっては想像していた以上に体力を消耗してしまう。若い人や、どこでも寝られる神経が図太い人、旅人に適している人には「そんな辛いですか？　嵐さんエアコン車両じゃないですか。僕なんてスリーパークラスで余裕ですよ」と言われるに違いない。

これまでの列車旅の感想は、

1. 出発する日は移動することだけ考えているので、その日は基本的に潰れて無駄。
2. 当たり前のように列車が遅延するし、出発後も遅延情報をチェックしないといけないので落ち着かない。
3. 到着前にもアプリをチェックしてマップで確認して、列車が停車駅に着いたらどこの駅か確認する。アナウンスもないし降りる時に神経を使う。
4. 列車内では熟睡は無理。
5. トイレが汚いし、インド式ばかりなので、クソを基本的に我慢しないといけない。
6. 到着した日は疲れ切って睡眠不足なので使えない。無理するとムンバイの時のようにやらかす。

正直、俺はインドにおいて列車の旅は全く合わないとこの時点で判明してしまったが、最初に決めたことだし、ゴールのニューデリーまでは遂行するつもりだ。

エビカレー

少し寝てからビーチまで行くが、海の水は汚く、泳いでいる人はわずかだった。野良犬がやたらと多くて犬の楽園になっているではないか。海沿いのくたびれたレストランの横を通った時、カラスが10羽ぐらいいた。日本とは種類が違うようで、くちばしが鋭く尖っていて少し怖い。鳥の激しい鳴き声がしたので目をやると、カラスが小鳥を口に咥えて飛び、それを親鳥が追っかけ、その後ろに2羽のカラスが追うという野生の王国を目の当たりにした。

ゴアは酒が自由に飲める。他のインドの街では考えられず、そして酒税も安いので他の街ならバーで大瓶1本300ルピー（約540円）のキングフィッシャーが、180ルピー（約324円）で飲める。カクテルの種類も多いし、他の街よりも酒飲みには嬉しい。

ビーチ沿いにはバーやレストランもあって楽しそうだ。ゴア州の飲酒率は当然だが一番高いようだ。ちなみにインドの飲酒可能年齢は、州によって異なっている。デリーだと25歳以上で、ムンバイだと21歳以上となっている。

この日は宿に併設されているレストランで食べることにした。この店は評価が高いらしく、地元の人や、多くの家族連れでにぎわっている。俺は名物のエビカレーとサラダを注文した。

エビカレーを食べてみるが、エビのエキスも効いていて、辛さは抑えめ、少しだけタイのグリーンカレーに似ていて美味だった。

愛新覚羅ユーイチ参上

「今、ゴアの空港に着きました。も

エビカレーは絶品で、また食べに行きたい

う23時半で遅いのでタクシーで向かいます」

ユーイチからラインが届く。奴によると、宿がちゃんと予約出来ているか心配という。到着日を一日ずらしたので、それが伝わっているか不安みたいだ。ただ先ほど、宿のオーナーに「俺の友達が来るよ」と伝えると、「わかっているよ」みたいな反応をしていたので大丈夫だろう。

ユーイチは満州国の最後の皇帝、愛新覚羅溥儀に外見が似ている29歳の友人だ。今回、俺がインドに行くと伝えると「僕もインドに一度行ってみたかったのですよ。嵐さんと合流していいですか？」となり、会社を休んでやってきた。

深夜0時。俺がホテルの受付で蚊に刺されるのを我慢して待っていると、タクシーが到着し、同時に番犬が吠え始める。ユーイチがやってきたのだ。そして開口一番
「嵐さんから頼まれていたケツ拭きシートを持ってきましたよ」

俺はインドで下痢になることを想定して、日本からケツ拭きシートを持ってきていたが、思いのほか重宝するので奴にも頼んでおいたのだ。シートはトイレにも流せるのでウォシュレットのない海外では便利だ。しかしそれが最初に俺に伝えることか？

早くチェックインが終わると思いきや何やら揉めている。

「嵐さん、大変です。予約が入っていないそうです」

一体、どうなっているのだ。何かの手違いで仕方ないことだから、空いている部屋に泊めるようにスタッフに伝えると
「満室です。友達ならあなたの部屋に泊めればいいじゃない？」

昼間から宿にずっといたが、満室とはとても思えないし、宿の方も一人でも多く泊めた方が金になるはずだし、俺も一人部屋と思っていたから室内は汚くしている。

スタッフは面倒くさそうに「もう君から金は受け取っているから、友達の宿泊代はいらないし、泊めてあげれば？」と言ってくる。このホテルは稼ぐ気がないのか。

ユーイチも「お願いしますよ」なんて言ってくるので、部屋をシェアすることになってしまった。

「お前、いきなりミスって何で同じ部屋にならないといけないんだよ！」

「まあ、まあ、嵐さん、かたいこと言わないで。はい、頼まれたケツ拭きシート」

「ありがとう」

俺がそれを手に取る。こ、こ、これは……。

「ユーイチ、お前〜〜。これトイレに流せないタイプのじゃないか！　意味ないだろ！」

「……」

ユーイチは「やっちまった」というような表情を浮かべた。

ポルトガルの影響を受けるゴア

ゴアは１５１０年頃から１９６１年までポルトガルの植民地だった影響から、ポルトガル風の建物や街並みが残されている。また、キリスト教の教会がたくさんあって、信者が多いのも特徴だ。最大の産業は観光業で、南北約１００㎞にわたる海岸線には約30ヵ所ものビーチリゾートが連なり、レストラン、ホテル、ロッジなどがたくさんあり、観光客で

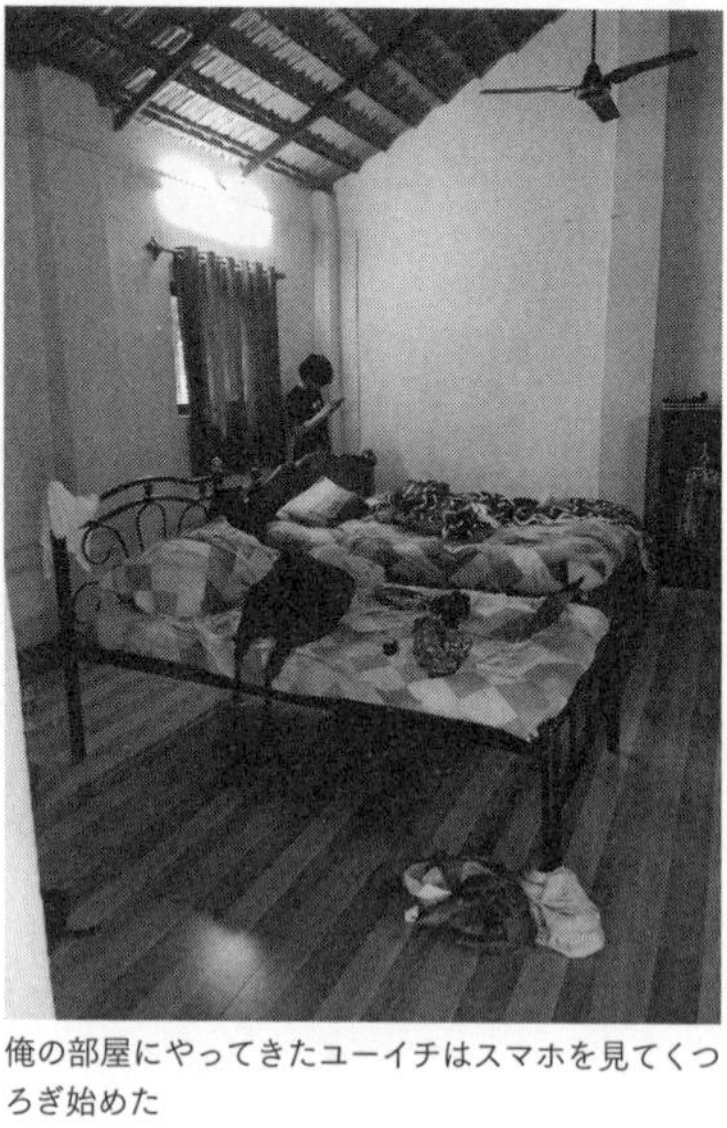

俺の部屋にやってきたユーイチはスマホを見てくつろぎ始めた

にぎわっている。

この日は朝食を食べてからゴア観光に行くことにした。俺たちはタクシーをチャーターした。まず向かうのはパナジだ。車は田舎道を走り、しばらく長閑な景色が続く。運転手も優しい人で街の説明をしてくれる。南インドの人は北インドとは違い、いい人が多いと聞いていたが、その通りのような気がする。

1時間後、パナジ教会に到着した。どうやらここが街の中心になるようだ。ポルトガルが拠点に置いていたオールド・ゴアが伝染病で荒廃したために、1795年にポルトガル総監がパナジに拠点を移した。ゴアはポルトガルの影響からクリスチャンが多く、最初に教会が建てられたのが1541年で、この現在の白い建物は1619年のもののようだ。教会の周辺は

美しいパナジ教会

インド人の金持ちそうな観光客が記念撮影などをしている。

パナジを歩いてみるが旧ポルトガル植民地の面影が最も残っていてなかなか趣がある。マンドヴィー川を眺めながら歩き続けるが、暑すぎてバテてくる。ユーイチも「暑いです。水を買わないと」と言っているが帽子がないじゃないか。

「帽子を被ってないと暑いだろ。何で持ってないんだ？」

「忘れてしまいました。こっちで買えばいいかと」

この痛いほどの日差しだと帽子を被らないとキツイはずなので、近くの店で200ルピー（約360円）で購入した。

「いや〜被っただけで直射日光が当たらなくて少し楽ですね」

なんて言っている。当たり前だろ！

オールド・ゴアを観光

パナジから車で10分行った場所にオールド・ゴアがある。ここに1600年頃建てられた修道院や教会の建物、遺跡が100ヵ所以上点在しているという。「ゴアの教会群と修道院群」は１９９６年に世界遺産に登録された。

車を降りて我々が最初に向かったのは16世紀に建てられた「ボンジェム教会」で、そこにはフランシスコ・ザビエルのミイラ化した遺体が安置されている。中は博物館になっていて人がたくさんいるのに扇風機しかないために暑い。なぜクーラーがない。インドの博物館の特徴はクーラーがないことで非常に見学しづらい。暑くて早く出たくなってしまうのだ。とりあえずここを見学して楽しんだあと、道路を挟んで建つ、真っ白な建物に目が止まった。ここは１６６１年に建てられた聖フランシスコ教会で、隣には考古学博物館があってそれらを観光した。

俺たちは気になる場所を車に乗っている時に見つけていた。忘れられた存在のように観光客は少ないが「聖アウグスティヌス教会」は旧ゴアにある廃墟の教会の中では一番かもしれない。カンボジアのアンコールワットを連想させてしまう廃墟感が堪らないこの教会は１６０２年に完成し、世界遺産、ゴアの教会と修道院の一部になっている。それにしても廃れ方が格好いいし、来て良かった。

ユーイチが言う。

「嵐さん、さっきから思っていたのですが、この教会、アンコールワットみたいで、カンボジアを思い出してしまいましたよ」

どうやら、俺はこいつと同じことを考えていたようだ。

インド中華

この日は移動の日。昼の12時前に宿をチェックアウトして荷物を預け、ビーチに向かったが、観光客が楽しそうに遊んでいるものの、波が高いし、相変わらず水は汚い。

「このビーチも見納めですね」とユーイチ。

俺たちはビーチの見えるレストランに入った。メニューを見るがたくさんの種類の酒が置いてあり、全体的に値段は高めだ。インドのレストランに共通することはチャイニーズのメニューがあることだ。日本でも居酒屋や定食屋に麻婆豆腐、チャーハンなどの料理が普通にあって、日本食の一部と言うか、同化している状態になっていると思うが、インドにおけるチャイニーズの存在も同じように当たり前に食べられている。ただ、それらは「インド中華」と呼ばれていて、少しだけ独特だ。宗教的に牛や豚は使わないことが多く、春巻きは日本で食べるものとあまり変わらないし、チリソースを付けて食べるのは美味しい。焼きそばやチャーハンは高級レストランから屋台まであり、国民に愛されている。毎日カレー系を食べるのにはうんざりするのでこれは助かる。さっそく俺はチャーハンを注文した。細かく刻んだ青唐辛子が入っていて絶妙な辛さがあってかなり美味しい。

インド中華の味付けの特徴は、ニンニク、ショウガ、醤油、唐辛子などを使うことだ。更にインドにはベジタリアンが多く、それとの親和性が高いと俺も感じる。焼きそばや春巻きも野菜だけの方が美味しいと思う。肉は使われるがほとんどが鶏肉だ。

インド中華の起源はいつだろうか？

インドに中国人がやってきたのは18世紀だ。イギリスが支配する時代の19世

これは焼きそば。日本人の口にも合う

紀以降に中国南部からの移民が増え、コルカタに定住する者が多くなり、そこからインド中華が誕生したようだ。

マンチュリアンソースはインド中華の特徴の一つで、インド人が好きな味であるトマトケチャップ、ニンニク、醬油で味付けされたソースだ。味は甘辛くて美味しく、肉や野菜などをそれで炒めたり煮たりする。

ちなみにマンチュリアンは「満州風」というところからきている。

列車の遅延はあたりまえ

列車の出発予定は16時10分だが、アプリを見るとまたもや1時間遅れの表示が出ている。更に待合室も工事中らしく、下のクラスのそれは超満員だ。なのでベンチに座って待つしかない。このような場合、二人でいられるのは嬉しい。荷物を見ててもらってウロウロ出来るからだ。駅舎には警察か警備員のような人が巡回している。喫煙が駅舎では禁止なのでそれを取り締まっているのかと思ったが、ベンチで寝る人、線路でうがいする人や唾を吐く人などに注意していて、そのたびに乗客と口論している。

しばらく時間を潰していると出発時刻が18時40分に変更されている。もう慣れた。これがインドなのだ。定刻通りに来たらラッキーと思えばいい。自分に言い聞かせる。

電光掲示板を確認していたユーイチが戻ってきた。

「嵐さん、4番ホームの表示が出ました。移動しましょう」

なんだがプラットフォームの番号がわかっただけで嬉しくなるという変な感覚になる。

時刻は19時を過ぎ、辺りは薄暗くなってきた。外国人が駅には全くいないので珍しいからか、ユーイチは「どこから来たんだ?」と聞かれまくっていて、質問攻めにされている場面が目立つ。俺の方は他者を近づけないオーラでも発してしまっているのか、誰も

駅で電車を待つのもだんだん慣れてくる

声をかけてくれない。これが自分の責任かどうかわからないが、少し寂しくなる。隣の3番線に列車が入ってきたが、お婆さんが杖をついて急いで車両に向かっている。インドの駅は大きく、車両とホームが長すぎるのでお年寄りの人は乗るだけでも苦労するだろう。

そうこうするうちに俺らの乗る列車もやってきた。

第六章

共産党の旗がはためくコーチン

飛行機よりも列車の理由

列車は19時19分、3時間9分遅れでマドガオン駅を出発した。今回は2Aで、俺が四人掛けの下、ユーイチは向かいのサイド上だ。料金は1755ルピー(約3160円)で、朝8時半にケララ州のコーチンにあるエルナクラム・ジャンクション駅に到着するが、終点ではないので寝坊は許されない。ちなみに「コーチン」とは昔の呼び名で、現在では日本語読みで「コチ」、一般には「コーチ」と呼ばれているが、コーチンの方に親しみがあるし、また現地でも普通に通じるので文中では「コーチン」で統一したい。

俺の座る四人席は、俺の上に年配の男性、向かいに60歳位の感じの良い男性。その上にその人の息子で20代の青年がいて、皆優しくいろいろ話しかけてくれる。2Aともなれば客層はいいし、人の出入りもそれほどないし、人口密度が少ないので落ち着く。俺の向かいにいる紳士は日本人が珍しいのか、俺にやたらと話しかけてくる。

「インド人は日本にも大勢住んでいる」「今回、エア・インディアでのニューデリー行きはインド人ばかり」「13年ぶりにインドに来たが、物価が上がっているし、発展している」などの俺の言葉を真剣に聞いている。

「確かにインドはまだ問題は多いけど、発展しているよね」と紳士も返してくる。

彼ら親子とはずっと一緒かと思っていたが、ここから4時間先のマンガロールという場所で降りるようだ。2Aとかに乗るハイクラスのインド人は普通だったら飛行機を使うが、空港のない中都市に住んでいる人には列車の利用価値は高いようだ。つまり、俺とユーイチが利用するゴア～コーチン間はこのクラスの人は通常、飛行機を使うので、今ここにいる人たちは全員、途中で降りることになる。一方、お金のない下のクラスの人や学生にとっては、飛行機は高くて無理で、バスよりも安いスリーパークラスや一番下のジェネラルで移動する。

恒例のトイレチェック

俺と話していた紳士はシーツを敷いて寝る準備をしている。目覚ましは忘れずにセットして、到着少し前に起きるのだろう。上の席にいる息子は日本のアニメが好きなようで、ユーイチに話しかけまくっている。若いからお互いに話が合うのだろう。売り子がチャイを売りにきたのでユーイチが購入しようとしたが、細かいお金がなかった。すると、その青年が「ごちそうするよ」と奢ってくれる。更に友達に電話をして「日本人が同じ列車に乗っているよ」とでも伝えたのか、その友達とユーイチは電話で話し始める。相手はアニメの名前を連呼しているが、俺もユーイチもそれがわからない。そうこうしているうちに駅弁を売りにきたのでエッグビリヤニを購入した。チキンビリヤニほど辛くないし美味しい。

食事を終え、そういえばトイレに一度も行ってないのを思い出し、チェックがてら見ておこうと思った。インド鉄道のトイレに行く気がおきないのもあるが、外は暑くて汗で水分が取られ、中は涼しいもののトイレをなるべく控えたいのであまり水分をとっていなかった。四つあるトイレは全部インド式だった。反対側は隣に連結車両がないので二つトイレがあって一つが西洋式。使えるのは六分の一。小便はインド式でも構わないのだが揺れるし、使いにくい。インド人は水を使ってトイレットペーパーの代わりにするが、列車の中にもそれ用の桶や水道がある。そういえば、インド人出稼ぎ労働者が多く乗る飛行機に乗ったことがあるが、機内のトイレの床がやたらびしょびしょに濡れているのが不思議でならなかった。インド人旅行者、ビジネスマン、上のクラスの人はそうではないが、下のクラスの人はトイレットペーパーを使わないので、機内でも水を手に取ってケツを洗っていたんだろう。俺は想像してみるが、一体どうやっているのかわからないし、恐ろしくてまだ聞くことが出来ていない。

ユーイチにトイレの説明をすると「列車でクソしたくないです。ギリギリまで我慢しますよ。宿に着いたらすぐに用を足します」なんて言っている。

揺れのせいか、誰かの気配を感じたのか、夜中の2時に目が覚める。隣にいた親子はもう降りたようで、別の男が二人、そのベッドを使って寝ている。俺がトイレに行って戻ると向かいで寝ていた男が起き上がり、時計を気にしている。たぶん降りる時間が迫っているのだろう。日本でも在来線がこのような寝台形式だったら不便に違いない。インド鉄道はこの人のように3時間ぐらいだけ乗る人にとって、車内は暗いし決して便利なものではないだろう。男は60歳位で

「君は日本人ですか?」と尋ねてくる。

「はい、そうです」

「少し日本人と話をしたいのでいいですか?」

こんな真夜中にトイレから戻ってさあ寝ようとしている人にこんなことあるか？　だがせっかくだからと20分くらい話を続ける。ユーイチのベッドに目をやると、毛布を頭から被って寝ていて、いつの間にか奴の下のベッドにも人がいてカーテンが閉められている。すると、「ガタン」と列車が音を立てたと思ったら、外が明るくなった。どこかの駅に着いたようで、それまで話していた男は俺に一言も発しないで、そして何事もなかったように列車から降りてしまった。

どうやら暇つぶしに使われたようだ。

ケララ州

2005年、俺はコルカタの安宿で日本人女性と知り合った。この時代、コルカタのサダルストリートには日本人旅行者が多かったが、ほとんどの人がバラナシやムンバイなどの話をしている中、この女性はケララ州にハマってコーチンまで列車で移動すると言っていた。ヨガとマッサージに興味を持っていて、そこでマッサージを学ぶのだと。コーチンはしつこい奴もいないし、非常にいい所だと力説していた。俺はその時初めて奇妙な響きのある「ケララ」という地名を意識した。その後、旅人からも「ケララ州のコーチンは凄くイイよ。ウザい奴もいないし、他のインドの街とは違う」と言われてたので、いつかは行ってやろうと思っていた。

インド最南部に位置するケララ州は、アラビア海が目の前に広がり、背後には西ガーツ山脈が南北に続いている細長い州だ。年間を通して過ごしやすい穏やかな気候だが、モンスーンの影響で雨が多く降り、運河が数多く築かれた水の都でもある。

ケララ州の中心都市はコーチンだが、州都は「ティルバナンタプラム」だ。四世紀にはスパイスの貿易拠点として非常に重要な場所であった。1503年には植民地になった。その後、ポルトガルに征服され、この地がインドで初めて植民地になった。その後、征服者のポルトガルは拠点をコーチンからゴアに移動したので、その後のコーチン

市場で働く人。いい笑顔だ。ユーイチ撮影

はオランダとイギリスが支配することになった。現在、コーチンはインド有数の国際貿易港として発展している。

コーチンは四つの地区から出来ている

俺とユーイチがコーチンのエルナクラム・ジャンクション駅に到着したのは8時半だった。朝なのに人が多いが、声をかけてくる人がいないので少し静かに感じる。ここから歩いて宿に移動だが、ユーイチは「フォート・コーチンの安いドミトリーに泊まりたい」と言って、面倒なことに別の地域の宿になってしまうが、仕方ない。

コーチンは四つの地区から成り立っている。まず、内陸部にある「エルナクラム」はケララ州の中心地で、役所や高等裁判所、証券取引所などがあり、政治経済の中心地だ。ここはコーチンの中心なので、列車の旅をする目的がある俺はこの地区の駅から近い場所にホテルを選んだ。

エルナクラムの対岸にあるのが「ウィリンドン島」。ここは埋め立て地で観光地でないが、貿易港や巨大な造船所、大型ホテルなどがある。そして半島部分には「フォート・

コーチン」と「マッタンチェリー」があり、観光名所を目当てにたくさんの旅行者がやってくる。この四つの地区はフェリーや車などでそれぞれ往来出来る。

フォート・コーチン

ホテルに荷物を置いて、ユーイチの宿があるフォート・コーチンまで一緒に行くことにした。

歩いてフェリー乗り場まで行き、フォート・コーチンまで移動する。フェリーに乗っている時間は10分ぐらいだ。

フォート・コーチンに到着すると、オートリキシャの呼び込みが多く、皆、手に写真やパンフレットを持ち「観光地を周遊するコース500ルピー（約900円）でどうだ?」としつこく言ってくる。俺たちは聖フランシスコ教会まで行ってもらうように頼んだ。

聖フランシスコ教会は1503年に建てられたインドで最も古いヨーロッパ建築の教会だ。中に入ってみるが改装中で、業者の人がかなりいる。ポルトガルのヴァスコ・ダ・ガマは1524年にコーチンで亡くなり、この聖フランシスコ教会で葬儀が行われた。

教会を出て少し歩いてみるが、よくあるインドの街とは違い、ゴミゴミしていなくて、落ち着いた街で整然としている。ただ、観光地のためかオートリキシャの人がしつこいほど声をかけてくる。ユーイチの泊るゲストハウスを見つけて中に入ってみるが、目に生気がなく、元気のない白人バックパッカーが数人いて、印象は良くない。宿の設備などもボロそうだ。ユーイチがチェックインをしている間に俺は外に出てタバコを吸う。隣に店が数軒あるのだが、Tシャツ屋とお土産屋の男たちが「見ていけ」と煩いし、オートリキシャの人も歩いているインド人旅行者に積極的に営業している。エルナクラムとはフェリーですぐの場所だが、まるで違う街のようだ。

外で待っていてもユーイチが出て来ないので、ゲストハウスの中に入って探してみるがいない。5分ぐらい待っていると出てきて

「いや〜 最悪だ。宿代を3日分払ってしまったけど、明日違う宿に移動します」と困った表情で言う。

聞くと、列車で我慢していたのでゲストハウスのトイレを使おうとしたら、かなり汚いだけでなく、まともに流れないそうだ。

「部屋も汚いし、宿の雰囲気も良くないので交渉して宿代を返金してもらいますよ」と、ユーイチは不機嫌な表情をしながら言う。

街を歩いてみると、マッサージ店、お土産屋、旅行会社が多いのに観光客はあまりいない。インドとは思えないコロニアル風の街並みでなかなか趣があるが、人口密度が少なく、空き地が多いので道が長く感じ、暑い中で歩くのは少しツラい。急に大雨が降ってきたのでカフェに入り、ビーフサンドイッチを注文した。この街ではキリスト教徒が多いので牛肉が食べられる店があり、キリスト系の学校も多く、そこの生徒の姿も見ることが出来る。

コーチンは雨期に入ったようで、それが理由で観光客が少ないのかもしれない。強く降っていた雨はやがて止み、俺たちは観光に出かける。

キリスト系学校の生徒です。ユーイチ撮影

ジョン・レノンと呼ばれて

俺たちはコーチンの伝統的な漁法がみられる北の海岸にあるチャイニーズ・フィッシングネットを見に行くことにした。これはマカオのポルトガル人によって伝えられ、14世紀頃から続くコーチン独特の漁の方法らしく、網を海中に沈めてからロープで引き上げる仕掛けがズラリと並ぶ。大雨が降った後だからか、水が濁っていて風も強い。ネットは陸に固定され、20mを超える幅のネットは上下動作を繰り返して、それを引き揚げて魚を獲る。そこで獲った魚はすぐに海岸沿いを歩くお客さんに売りに出されるそうだ。観光名所になっているだけあって、観光客が集まって写真を撮っている。

「近くでフィッシングネットを見せてやるよ」

フィッシングネット。非常に個性的な漁法だ！

脂ぎった顔をした漁師がそう言って俺の手を摑もうとしている。かなり強引だ。立ち入り禁止の場所まで見せてくれるそうだが、出た時に納得できない金額を提示されるに決まっているし、別にそこまで見たくはない。俺とユーイチは反射的に断ってしまう。インド人旅行者は嬉しそうに中まで入り、出てきたら案の定チップを請求されて凄く嫌そうな顔をしている。

その後、ヴァスコ・ダ・ガマ広場をフラフラしたが、人は少なく、波の高さと水の汚さが印象的だ。そのまま散歩しながら博物館を見たりしたが、俺の方は昨晩列車であまり寝ていないし疲れてきたので先に一人で宿まで帰ることにした。

オートリキシャを探すがこんな時にはやって来ない。二人で歩いていると、大勢の地元の高校生がやってきて、遠くから俺たちのことを見ていてニヤニヤしている。すると、三人の男子生徒がユーイチを見ながら吹き出しそうな顔をして

「ジョン・レノン」と言ったのだ。

「あの人たち、今、ジョンレノンと言いましたよね?」とユーイチ。

「ジョン・レノン?」とユーイチが生徒たちに向かって言ってみると、彼らは腹を抑え

て逃げるように行ってしまった。

愛新覚羅溥儀とか、満州国・最後の皇帝など、我々の仲間にはユーイチはそう呼ばれてきたが、ジョン・レノンと言われたのは初めてだったようだ。確かにメガネと伸びている髪型が似てはいる。

ちなみに奴はこの後に一人でニューデリーに行くが、インド人親子にも「ジョン・レノン」と言われたらしいのでやはり似ているのかもしれない。ユーイチも嫌ではなかったようで、SNSのアイコンがいつの間にかジョン・レノンに変わっていた。

マッタンチェリー観光

昨夜は疲れていて早く寝たので、7時に目を覚ます。腹が減り朝飯を食べに駅前のレストランに入ると、スタッフは優しく、客層は出勤前のOLや、会社員の姿が見られる。朝食にはマサラドーサを選んだ。マサラドーサとは、南インドの代表的な食べ物で、米と豆を発酵させた生地で作るクレープのような料理のことだ。中身はジャガイモなどをスパイスでまぜて炒めたもので、それにサンバルやココナッツなどのチャツネと共に食べることが多く、南インドではポピュラーなので朝食と昼食で食べられる。ちなみにサンバルとは南インドの酸味のあるカレー風スープで、ココナッツ・チャツネはドーサにつけて食べるペースト状の調味料だ。味は美味しいのだが、ちょっと重たい気がするし、辛いので朝からは遠慮したい気もするが……仕方ない。

少し休んでマッタンチェリーに行くことにする。そこのフェリー乗り場の前でユーイチと待ち合わせしているのだ。俺はフェリーに乗って、昨日降りたフォート・コーチンに到着した。ガイドブックにはマッタンチェリーまでフェリーがあると書いてあったので、そのままここを経由して行くのだろうと思っていたが、乗客が皆降りるではないか。スタッフに尋ねると「マッタ

マサラドーサ。美味しいが、朝からは重い

ンチェリーには観光船しか今は運航してないから、ここで降りた方がいいよ」と言われる。ユーイチとの約束の時間に間に合わないので連絡を入れ、オートリキシャと交渉するが「200ルピー（約360円）」。

「高いよ。100だ」

「マッタンチェリーまでは遠いんだよ」

後に相場が100と知るが、この時は急いでいたのでボッタくられた事はわかっていたが、仕方ない。乗り込んでからのドライバーの営業がまたしつこい。

「いろんな場所を周ってあげるよ」

「友人と待ち合わせしているので結構です」

そして、ジンジャーが売られているお土産屋に連れて行こうとするので「俺は興味ないし、ジンジャーが嫌いだ。早く行ってくれ」としっかり断る。

そう言うとムッとしながらも発車し、「友達と会ってから相談してくれよ。安く周るからさあ」なんて言うが、200ルピーとボッてくるし、土産物屋に勝手に連れていく奴なんて信用できるわけない。それにこいつの態度が気に入らないので誘いに乗る気は全くなかったが、キツく断るのも悪いので「一応、友達に聞いてみるね」と返す。

「あれは君の友達じゃないの？」

そうドライバーに言われて見ると、そこにはジョン・レノンじゃない、ユーイチがいて、俺に手を振っている。

「ユーイチ、あのドライバーに営業をかけられているけど気に入らないから断るよ」

無視するのも悪いと、断ろうと思ったら、俺たちの横に男の運転するオートリキシャが通り過ぎた。きっと、俺たちの態度でダメだと諦めたのだろう。

まず降りた場所の前にある白い建物のマッタンチェリー宮殿を観光しよう。ここはオランダの宮殿として一般に知られているが、実はポルトガルの宮殿だ。元々ポルトガル人がコーチンの藩主のために建てたものだが、その後、オランダ人が宮殿の拡張を行ったため、一般にダッチ・パレスと呼ばれるようになった。宮殿の壁にはヒンドゥー教の宗教芸術などが描かれている。内部は小さく、インドの博物館に共通することだが、暑い。白人女性がインド人ガイドに説明を受けていて、それに俺も聞き耳を立てていたが、暑さで集中力な無くなって外に出たくなってしまった。内部が撮影禁止だったのは残念だ。

インドには昔からユダヤ人の移民が多くいた。1568年に建てられたパラデシ・シナゴーグはユダヤ人街のマッタンチェリー宮殿の裏側にある。

パラデシ・シナゴーグは、ポルトガルに破壊された後、1664年にオランダにより再建されたものだ。門から入ろうとすると受付に片言の日本語を話す男性がいて、まずはコーチンのユダヤ人の歴史を知るための小さな資料館を見るように促されたので見学し、靴を脱いでシナゴーグ内に入る。床は中国製の陶磁タイルが使用されているのでヒンヤリしていて気持ち良く、シャンデリアは豪華で見応えがある。かつてこの辺りはユダヤ人街として栄えていたようだが、現在は周囲にお洒落なカフェや店などがあり、絵画などが売られていて観光客もインスタ映えするのか、写真を撮っている人が多い。カフェに入ってみるが食事が美味しく、店内には絵や芸術品などが飾られている。この一帯はインド人の芸術家が集まる場所なのかもしれない。

共産党と野良犬

ユーイチと二人でエルナクラムに戻ってきたが、オートリキシャやタクシードライバーは何も営業をかけてこない。フォート・コーチンとは大違いだ。この街は意外と整然としていて、信号もしっかりあり、道も渡りやすい。他のインドの街よりもインフラ等は整っているようだ。

俺たちはブロードウェーという、上野のアメ横みたいな場所に向かう。ここには日用品や食料品などがなんでも揃っていて、通りの入口付近には香辛料などを売る店が軒を並べる。この辺りの人はフレンドリーな人ばかりで笑顔で話しかけてくる。ユーイチは一眼レフカメラを持ってカメラマンのような動きで写真を撮りまくっていたが、インド人は写真好きなようで「撮ってくれよ」と自らポーズを決め、自分たちが映っているのを確認した後にニンマリするのが少し可愛い。ムスっとしている八百屋のオッサンもユーイチが「1枚いいですか?」と頼むと、笑顔でポーズ作り、どれほど写真が好きなんだ!

ブロードウェーは卸売り店も多く、建物も個性的な形が多いので面白い。ここはガイドブックにも載っていないため全然知らなかったのだが、ユーイチが「面白そうな場所を見つけました」と探してきたのだ。いい仕事をやってくれる。そのユーイチが言う。

「さっきから気になっているのですが、共産党の赤旗がこの辺りには多いですね」

なるほど。共産党の旗が何気に多いのは、ケララ州では共産党の力が強いからのようだ。この州は教育水準が高いようなので、必然とある程度のインテリ層が出来て、彼らがその党を支持しているのかもしれない。少し調べてみると、ケララ州は１９５６年に誕生したのだが、共産党主導の左翼連立が政権をとり、その後も共産党政権が政策に大きく影響を及ぼした。それまでのケララ州ではインドの中でもカーストによる差別が強かったのだが、共産党政権によって、カースト制の廃止、土地改革、教育改革、社会サービスの充実などが断行された。また、教育分野においても学校建設、義務教育の無償化、女子教育の促進などを早くから行っていた。そのようなことが関係しているのかもしれないが、コーチンの道路は舗装されている箇所が多く、インド中にいる野良犬がここでは極端に少ない。これは驚きで、駅

ブロードウェイにある赤旗

前に数匹見た程度だ。先進国と同じように危険な犬は駆除されているか、保護されているのかはわからない。

うす暗いバーでまったり

インド独立の父、マハトマ・ガンジーは南アフリカで弁護士をする傍らで公民権運動にも参加し、帰国した後にイギリスからの独立運動を指導した。その英雄から付けられたマハトマ・ガンジー・ロード（以下、MGロード）はエルナクラムの中心的な通りだ。俺たちはMGロードを進んで行くが、喉が渇いてきた。こんな時は冷たいビールだ。スマホのマップでバーを見つけ、向かうことにした。排水されていない通りがあり、小さな水たまりが出来ている。通行人は靴が濡れないように少し迂回する形になるが、そこには大きなドブネズミの死骸があり、それをカラスが啄ばんでいる。

「ちょっと腹の具合が悪いです」

ユーイチが言う。奴も俺と同じように綺麗なトイレでないと用を足せないのでショッピングモールを見つけて入ろうとすると入口に「I ♡ KOCHI」と赤い文字で書かれているモニュメントのような物があるではないか。俺の友人で高知県に住んでいる男がいて、これを見せたら喜ぶだろうと写真を撮って送信していると
「嵐さん、トイレットペーパー持ってます？　たぶん紙がないのであったら下さい」とユーイチが言うので紙を渡す。

10分くらい待っているとユーイチは困った表情で戻ってきた。

「どうした？」

「トイレはインド式ばかりでそれは嫌で、西洋式はあったのですが汚いか、混んでいたので諦めました」

俺はユーイチを責められないが、インドでのトイレのハードルは高い。

気を取り直してバーに入る。入口はうす暗く、黒いスーツを着た男が立っている。「酒が飲みたい」と言うと中に入れてくれるが、それにしても暗いので目が慣れてくるまでメニューも見えない。

俺たちはビールを飲み、少し腹が減ったのでチキンマサラとナンを注文した。ここの上階はホテルになっているようで、調べると1泊5000円程度だ。次回、インドに来る時

はバーが併設されているホテルに泊まろう。そうすれば酒のストレスはないし、高いランクのバーはサービスもいいし料理も美味しいのが今回わかったからだ。この店の食事も美味しく、バターが塗られたナンはかなり感動する。日本でもよく知られているナンは精製した白い小麦粉を発酵させて焼いているのでモチモチの食感だ。ちなみにインドでは一般的な食べ物ではないので上のクラスのレストランか、観光客が集まる店などで出されている。

ユーイチ最終日

この日はユーイチの最終日だ。だが外はあいにくの雨なのでルル・ショッピングモールで待ち合わせをした。ここはインド最大のショッピングモールの一つで、毎日8000人以上が訪れ、ケララ州で最も多く人が集まる場所でもあるようだ。中にはホテル、コンベンションセンター、ボーリング場、アイス・スケートリンクなどを備えている。俺はホテル近くの駅から高架鉄道でそこまで向かう。

ユーイチと二人で飯を食べ、雨が止んだのを狙って近くの教会を見にいったりして、適当に時間を潰していた。夕方になったので昨日行ったバーで乾杯。今日で最終日と思うと寂しいものだ。明日は昼過ぎに空港に向かうという。いろいろと話が盛り上がるが、そろそろ帰る時間になった。バーを出た時は雨が降っていなかったが、歩いて1分後に大雨になった。「なんてこった!」。俺は思わずそう口に出して傘をさす。

ユーイチとサヨナラの握手でもしたかったのだが、奴は「凄い雨なのでオートリキシャでフェリー乗り場まで行きます」と急いで乗って行ってしまった。たった一週間の二人旅だったが、いなくなるとやはり少しは寂しい。

翌日、この日はゆっくりして、昼前にマクドナルドでも食べようと思って歩いていた。高架鉄道の駅の改札を何気に見ると、東洋人の男が荷物を検査機に通している姿があった。俺はこの街で東洋人を全く見ていなかったので、「おー珍しいな」と思っていると

「うん?」

ジョンレ・ノン似の風貌。その男はユーイチであった。

「ユーイチ!」

奴は俺の方を見ると

「え、なんで……？」

凄く驚いているようだ。奴もまさか俺とこんな場所で会うとは思わなかったのだろう。

「これから空港に向かうのですが、何でこんな所で偶然会うのですか？　それに嵐さん、こんな場所になぜいるんですか！」

奴によるとフォート・コーチンに安い洗濯屋がなかったようで、この駅の近くの店に洗濯物を預けて、今受け取り、そのまま空港に移動するところだったようだ。

「ユーイチ気をつけてね」

「嵐さん、いろいろありがとうございました」

俺たちは昨日出来なかった固い握手を交わした。

キューリをくれ

俺はウィリンドン島に行くかどうか迷っていた。特にそこには観光名所があるわけではないのでどうしようと、スマホのマップを眺めると、フェリーに乗らなくても橋を渡れば歩いても行けることがわかった。ベンデュラシー橋までは30分くらいかかるが、暇だし行ってみることにした。

橋まで辿り着くが、入口はかなり寂れている。自動車専用と貨物列車専用とは別に、バイクや歩行者用の道路があるのを見つけて進むことにしたが、人通りは少なく、雰囲気はあまり良くない。強盗や、あるいは野良犬の群れもいるかもしれないので一応、警戒はする。橋の下はスラムみたいになっていて、テントやバラック小屋が見え、小さな船もあることからここの住民は魚をとって生計を立てているのかもしれない。

橋の上はバイクやオートリキシャが10台ぐらい停まっていて、何人か集まっている。近づくと皆、釣りを楽しんでいるようだ。糸に針をつけて手に持ち、魚がかかったら引っ張る。金もかからないシンプルな方法だが、意外とみんな釣れているではないか。魚が入っているバケツを覗くと8匹も入っている人もいる。オートリキシャの若い男は仕事をサボって釣りを楽しんでいるが「自分では食べないで、売って小遣いを稼いでいるんだ」と言う。

人通りもあまりなく、少し不気味だと最初は思っていたが意外と楽しい所だ。

この日はコーチン最終日。駅近くにバーを見つけたので行くことにした。

ホテルが併設されているバーの入口は寂れ、ビールを買って外で飲んでいる労働者の姿がある。酔っぱらっている人もいて、大声で騒いでいる。ホテルのランクからしても上のクラスの店ではないのはわかる。中に入ってみると、クーラーが効いていて涼しい。暗いのは他のバーと同じだが、内装が汚く、客層もあまりいいとは言えない。アルコール類はインドの物価からしてもかなり値段が高いので、下の階級の人で酒好きの人は大変かもしれない。ちなみに俺の個人的な感想で間違っているかもしれないし、インド在住者の人に否定されるのを覚悟で書いてみるが、インド人の感覚からしてインドルピーは日本円の4倍の価値があるような気がする。普通のバーではビール大瓶300ルピー(約540円)だが、インド人の感覚はその4倍の2160円。水のペットボトル1・5リットルが20ルピー(約36円)、それが144円。チャイが10ルピー(約18円)が72円の感覚のような気がする。もちろん進むインフレや円安の影響もあるが、そのような金銭感覚で俺は旅を続けた方がいいかもしれない。そのようなわけで、ここのバーにいる客はある程度のお金は持っているはずだ。俺は四人席に座る。ウエイターが満面の笑みでやってきて、俺はビールとサラダを注文した。すると、空席はまだあるのに、一人の身なりがあまりよくない男が俺の対面に座った。なんだよ、何も断りもなく、プライベートが重要な店でこれはないだろ。満席ならわかるがそうではない。俺はこの男が何をしかけてくるのか警戒する。

男は俺のことを全く気にする素振りもなく、自分で頼んだビールを美味しそうに飲み始めた。俺はスマホをいじっていたが、彼は持っていないのか特に何もしない。そして俺のサラダがやってきて、キューリに塩をかけて食べていると、その男が俺に何かを言ってくる。聞き返してみるが、どうやら英語は話せないようだ。更に男はジェスチャーを加えながら何か言ってくるが、どうやら俺のキューリをどうしても食べたいよ

青とうがらしも付いているキューリのサラダ。味は美味しいです

うで「少しくれ」と言いたいらしい。俺は世界中のレストランに行き、いろんな形態の店に入ったが、この展開は初めてだ。この男の意図はなんなのか？　それを知りたいと思い「いいよ」と俺は3枚ぐらいあげるとかなり男は喜んでお礼を言ってくる。失礼だが俺はこのように思っていた。

「この男は貧乏だが、ビールをどうしても飲みたい。でも高い。やっとお金を溜めてバーで冷たいビールを飲む。だが、それだけで、つまみを頼む余裕はない。目の前の東洋人が野菜を食べ、その中でも男にはキューリに思い入れがあり、インド人の特性の『とりあえずダメでも言ってみる』精神で俺に尋ねたらＯＫだったので喜んでいる」。そう俺は解釈した。だがその数分後、インド中華系の値段が張りそうな焼肉が男の前に置かれたのだ……。

なんだ、貧乏じゃないのかよ。男はそれを美味しそうに食べ始め、そして俺に「これ食べなよ」と言ってきた。俺は丁重に断ったが、更に言ってくる。俺にキューリをもらったのがよほど嬉しかったのか、残念ながら言葉が通じないので彼が何を考えているのかはわからない。俺は笑顔で断ると、残念そうな顔をする。そして、男は焼肉を三割ぐらい残し、俺に「バイバイ」と言い、金を払って去っていった。

俺は残された肉を見ながら複雑な心境になった。そして心の中でこうつぶやいた。

「インドはわからないことが多すぎる」

第七章

インド四大都市の一つ
チェンナイ

チェンナイにGO

チェンナイに移動の日だ。15時にエルナクラム・ジャンクション駅に到着して待合室で待機し、そこのトイレで小便をしていると、なにか殺気を感じた。隣を見ると、男が俺の〝ブツ〟を覗いているではないか、どうなっているのか？　男は何食わぬ顔でどこかに行ってしまったが、それにしても気分が悪い。

今回乗る列車は「チェンナイ・エクスプレス」の1Aで、料金は2600ルピー（約4680円）。17時10分発で、到着予定は早朝5時半と起きるのが億劫だが、チェンナイ中央駅が終点なので、それだけで気が楽だ。

定刻通りに列車がやってきたが、一番先頭車両のようで、長い距離を歩くことになる。入口には係員が二人いて、俺がチケットを提示するが、1Aに乗るような人間には見えないのか、怪訝な顔をしながら「このチケットは……そうだよな」

もう一人も

「間違いない、この車両です」と言う。

中に入るが、四人用のコンパートメントに俺以外に誰もいない。満席のはずなので、乗ってくるのは確実だがとりあえず列車が出発して一人部屋を堪能する。
そして20分後に駅に停車し、50歳位の男が乗り込んできたので軽く挨拶をする。彼は金持ちそうな風貌で、このクラスに乗るのにも慣れているのか、すぐにシーツを敷いて寝転んでくつろいでいる。俺が文庫本を読んでいると
「日本人なの？　僕の妹は仕事で何度も日本に行っていて大好きみたいだよ」なんて言ってくる。彼も親日家のようで、妹からもらった日本のチョコレートを俺にくれ
「日本のチョコレートは本当に美味しいね」と言う。
彼はチェンナイに住んでいて、仕事でコーチンに来ていたようだ。俺が旅をしているというと、興味深く

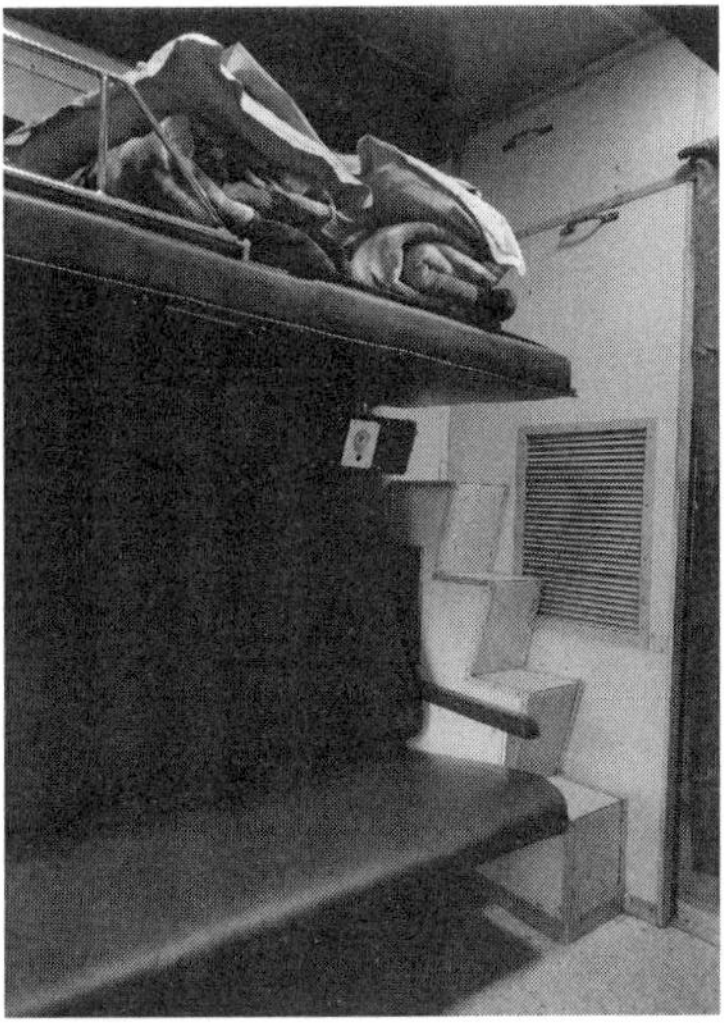
一等寝台は広々としていて居心地は良かった。奥には階段もある

話を聞いていて

「インドは発展していろんな物が高くなったよ、でもその一方では貧困層の数も相変わらず多くて、解決策は思い当たらないよ」と言う。

そんな話をしていると30歳ぐらいの背が高いイケメンが乗り込んできて挨拶するが、彼は無口で自分からは何も話しかけてこない。

平和な列車の旅を満喫してきたが、19時半を過ぎると外が暗くなり、一気に退屈になる。二人のインド人はどこかに電話をかけて大声で話し、そしてスマホをいじって時間を潰している。俺は文庫本を読んで時間を過ごしていた。

不審な男

腹が減ってきた。時刻は21時を少し過ぎている。すると、売り子の声がしたのでコンパートメントの外に出ると、ビリヤニを売りに来ている。エッグビリヤニは90ルピー（約162円）だ。俺がそれをテーブルに乗せると、それが合図かのように同部屋の二人はカバンから奥さんが作ってくれたと思われる容器に入った弁当を出して食べ始めた。一人では食べにくかったのか、でもその考えはインド人らしくない。上の階級の人は日本人と同じ感覚で「人に対して遠慮する」のかなと思ってしまう。食べ終わると

「ビリヤニは美味しかった？」

親日男に聞かれる。

「いや～　それほどでは……」

「駅弁はあまり美味しくないから仕方ないね」

と、インド料理の話から、世間話で盛り上がる。この男二人の英語はインド英語ではなく普通にわかりやすいので、聞き返す必要がないのは楽だ。

「親日男」が鉄道アプリを見ていて「我々の列車は1時間到着が遅れるようだ」と教えてくれる。朝の5時半が

エッグビリヤニ。味は残念だった…

6時半到着になるのだから影響は全くない。

俺たち三人は23時頃に灯りを消して就寝に入るが、前回と同じように下からの変な揺れに悩まされ、よく寝られない。だが俺の隣にいる「親日男」はイビキをかいて気持ち良さそうに寝ていて羨ましい。その上で寝ている「無口男」は頭から毛布を被っていて全く動かない。

夜中の3時半頃、コンパートメントが開く気配がして目を覚ますと、男が入ってきて俺の上で寝始めた。こんな時間に客が来るものなのか？ 不審に思うが気にしないでそのまま寝る。

朝5時40分頃に俺は目を覚ますと、「親日男」と「無口男」は既に起きているようだ。あとチェンナイ中央駅まで50分位だ。俺の上の男は毛布を被っていて、彼のスマホの充電コードがブラブラ下がっている。「無口男」が途中駅で降り、その駅でようやく謎の男が起きて「親日男」と何やら話し、そして小さなバッグを持ってどこかに行ったっきり戻ってこなかった。一体、この男は何者だ？ そして終点の一つ手前駅で「親日男」が荷物を持ちながら言う。

「僕はこの駅で降りるよ。良い旅を！　日本人と知り合ったって、妹に自慢するよ」

俺もお礼を言って握手して別れた。

そして終点のチェンナイ中央駅に到着して、降りようと出口に向かうと、先ほどの謎の男がシーツを片づけたりして働いていたのだ。どうやら、1Aに一つ空きベッドがあるのを知り、スタッフが勝手に仮眠を取りにきたらしい。それにしても客のベッドで勝手に寝るか？　しかも一番いいクラスの。でもそれがインドなんだな。

大都市チェンナイ到着

チェンナイはインド四大都市の一つで、1996年に植民地時代の名称であるマドラスからチェンナイに変更された。人口は約700万人で、首都圏人口は約1300万人を擁する大都市だ。

元々この街はタミル人漁民の住む漁村に過ぎなかったが、イギリスの植民地争奪戦のライバルであるオランダは既に北部のプリカットに、ポルトガルはその南のサントメに拠点を設けていた。その間に割り込むかたちでイギリスはこの地を選んだ。

チェンナイ中央駅から外に出てみると、かなりの暑さで、おまけに湿度もある。現在は朝の6時半。なぜこんなに蒸し暑いのか。駅前は人でごった返し、オートリキシャの呼び込みが多くて、そしてしつこい。俺は歩いて宿に向かうが早くもこの街には好印象を持てなかった。暑いし、ゴミゴミしていて、交通渋滞も激しく、そして野良犬がかなり多い。俺の泊る宿の周辺はホテルが密集していて、類似の名前が多いし、外観も似ているのでどこか迷ってしまう。その奥の地域は貧しい人が多いのか、住民が外で調理して、労働者にカレーを売っている。

ホテルは24時間体制でいつでも泊まれるようで、チェックインした時間から24時間後にチェックアウトの時間が設定されている。疲れて眠かったのでこれはありがたいが、駅周辺のホテルはどこもそのようなシステムの所が多い。なので、スタッフが常に何人も待機して、いつも清掃をしている。ホテルのスタッフは皆フレンドリーで、口癖のように「レビューで良い評価してね」と言う。宿泊予約サイトの良い点がここだ。かつて中級から下のクラスのホテルはやりたい放題は言い過ぎだが、問題が多い所が多かった。泥棒、セクハラ、醜い態度、料金トラブルなどなど……。それが予約サイトを使うのが当たり前の時代になると、低レビューや苦情が多かった場合、大変なことになるので改め、自分たちが頑張れば良い評価が貰え、それが成果になりホテルも儲かることを知る。客とホテル側、双方にとって良いことだ。

この日は体を休め、夜はホテル近くのバーでまったりすることにした。酒と美味しい食べ物を堪能するが、店内は暗くて客は男しかいない。少し閉鎖的なような気分がするが、これはインドでしか味わえない独特の感覚なのかもしれない。

恥ずかしい朝食

疲れもあって爆睡した俺は爽快な気分で朝を迎える。ホテルには朝食は付いてない。そもそも館内にはレストランなどないのだが、昨日のチェックインの際、スタッフに「宿泊客の朝食は近くのレストランで取ってもらうことになってます」と言われていたのだ。予約時にそんなこと書かれていなかったが、朝食付きに変更になったのだろう。

「どこに店はあるのですか？」

「場所は明日の朝にでも教えます」と、そのような内容だった。現に、食事スペースのない宿では他のレストランと提携して朝食を食べさせる、なんてことは過去に何度も俺は経験していた。
翌朝、俺がフロントで場所を聞こうとすると、顔見知りのスタッフと会った。相手は元気に
「グッドモーニング」と言ってくる。
俺は朝食の場所を尋ねると
「あ、○○○○だよ。そこに行けば食べられる」と、場所と店名を教えてくれたのですぐに向かう。
数分間、大通り沿いを進むとその店があった。入口にはガードマンがいて、客も入っているし清潔そうだ。俺は席に座り、部屋のキーを見せてウエイターに
「ここのホテルに泊まっているんだけど、朝食を下さい」と言う。
「…………」
彼は怪訝な顔をしている。どうしたのだろう。そしてそのウエイターは別の男を呼んで

きたので同じことを伝えると
「は？　あなたは何を言っているのですか？」
どうやら、俺はホテルスタッフのインド英語を完全に聞き間違えていたようだ。ホテルは朝食など出しておらず、彼らが言ったのは
「宿泊者はこのレストランに行けば美味しい朝食が食べられますよ」だったのだ。
それを知ると、店の人は笑い、俺は凄く恥ずかしい思いをする。英語がわかりにくいのは仕方ないが、俺も過去にこのような朝食のパターンが何度もあったから今回もそうだろう、という「思い込み」がこの間違いの原因だろう。後にもっと酷い「思い込み事件」が発生することになる。

トイレの改善

朝食を食べ、気分を取り直して観光に行くことにした。まず目指すのはジョージタウンと呼ばれる旧市街だ。

チェンナイ中央駅の脇を通り、街に入って行くが、ゴミゴミして薄ら汚い。ジョージタ

ウンは、イギリス植民地時代にチェンナイ港に出入りする商人を相手にするためにインド人商人が作った街だ。歩いてみたが下町風情はあるものの、特にこれといったものはない。その後、俺はフラフラ歩きながらセント・ジョージ砦に向かったが、暑くてしかたない。気温は早くも38℃ぐらいに上昇している。暑さのせいか、スマホの地図が動かなくなり、どうやら道を間違ってしまったようだ。大通り沿いに人通りの少ないエリアがあり、一カ所スラムになっている場所がある。そこにはテント型の家があり、中を覗くと、この暑さの中で人がいるではないか。

俺は気になることがあった。2010年に俺はインドのスラムをたくさん取材したのだが、トイレ問題が深刻で、場所によっては池の周りがトイレになっている為にかなり不衛生な状態で、また、あるスラムでは草むらで住民が用を足していたのだ。政府の援助などでトイレが設置されても数が足りず、スラムの女性たちに「どこかに報告してどうにか改善出来ないですかね?」とも言われたことがある。ここのスラムの人たちのトイレ問題はどうなっているのか? 昔と比べて街の中に簡易のトイレが目立ち、場所によっては日本にもあるような公衆トイレも見かけるようになった。それに列車の駅にも思っているよりも綺麗なトイレがあったのには驚いた。調べると、2019年、インドのモディ首相はインドの「野外排泄ゼロ」を宣言した。5年間で6億人がトイレを使えるようになり、1億1000万台を超えるトイレが設置されたというのだ。なるほど目に見えて改善されたのは本当だったのだ。だが、今でもまだ女性用のトイレのない農村部では、彼女らは用を足すために暗くなるまで待たないといけない厳しい現状があるようだ。

セント・ジョージ砦

セント・ジョージ砦を目指して歩くが、俺がもともと方向音痴なせいもあるが、暑さで思考力低下になり、道に迷ってしまった。水を持ち歩いているが、これ以上この状態が続くと熱中症の危険がある。俺は大通りの信号を渡っていいものかと迷っていると、交通整理している女性警察官が声をかけてくる。

「困っているの?」

「はい、セント・ジョージ砦までの行き方がわからないのです。どっちの方向に行けばいいのですか?」

そう尋ねると、親切に教えてくれる。お礼を言うと
「どういたしまして。旅行を楽しんで下さいね」
インドで警察官にこんなに親切にされたのは初めてだ。
しばらく歩き続けると要塞が見えてきた。イギリスとの交易をしたがっていた領主から
この村を手に入れた東インド会社は、1639年に商館の建設に着手し、翌年に港を防衛
するセント・ジョージ砦を完成させた。
入口まで行くが、現在この砦の中は政府関係の施設が多いので荷物検査や、名前や電話
番号などを記入しなければならず面倒だ。

要塞博物館

砦内を少し歩くが、観光地になっているわけではなく、政府関係者の人が喫茶店で飲み
物を飲んでくつろいでいる。
俺が行きたかったのは砦内にある要塞博物館だった。チェンナイの歴史を知るにはもっ
てこいだが、中に入り、チケット売り場に行くと警備員がやってきて

「この博物館はチケットレスです。ネットで事前に購入するか、アプリをダウンロードして、そこから購入してください」と言う。なんでそうなるの？

「博物館はガラガラだし、受付で売ってくれてもいいでしょ？」

「ルールなので無理です」

インドはいつからこんな風になったんだ？　俺はアプリをダウンロードして入力するが上手くいかない。他の人も手伝ってくれたが無理のようだ。ここまで来たのに諦めることは悔しいが、入れてくれないのなら仕方ない。すると、家族連れの若い男性が「どうしたのですか？」と声をかけてきた。困っていると伝えると、彼が自らのスマホを出してこう言う。

「僕が代わりに購入してあげるので、外国人料金の250ルピー（約450円）をくれればいいですよ」と言ってくれて、無事に入館することが出来た。凄く優しい人だ。俺が困っているのを見かけて助けようと思ったらしいが、俺が博物館を出る時に彼は白人旅行者を同じように助けていたので、何か別の目的があるのではないかと勘繰ってしまうが、こっちは助かったので感謝はしている。

肝心の博物館はそれほどのものではなく、ここも内部が暑い。一階は刀、軍服、銃など植民地時代の武器があり、二階は当時の肖像画やコインがある。港に到着したイギリス婦人がインド人に抱えられ、海水に濡れないように陸に運ばれている写真に目がいく。植民地時代の様子がこの絵を見るだけでわかる。どれほどまでにインドはイギリスに摂取されて苦しんでいたのか、いろんなことを想像してしまう。インドはイギリスに狙われただけではなく、フランス、オランダ、ポルトガルなどの思惑が入り混じって、非常に複雑な情勢にあったのがよくわかった。

チェンナイは綿花生産地帯があったので、イギリスの拠点として重要であった。そのため、1658年にイギリス議会はこの地を商館&要塞として認めた。この後、ここを拠点にベンガルからインド東岸に及ぶ地域を統括することになる。この時期は要塞内に商館員が住み、城外にはインド人の綿織物職人が集められ、そのときから人口が急速に増えた。

17世紀のイギリス東インド会社の進出は、インドで産出される物を独占することを目的としていて、領土的野心を持って進出したわけではないらしい。イギリスは1600年に東インド会社を設立してアジアに進出をするが、どこでもオランダ東インド会社との競合に敗れた。負けまくっているイギリスはこのままではいられない。このような理由から、イギリス東インド会社はインドに力を注ぐ。どんどん商館を増やしていったイギリスのインド貿易は成功を収め、これらの商館をライバル国から防衛する為に次第に要塞化して、周辺のインド諸侯を影響下におくようになった。

トラブル発生！ 列車の旅、存続の危機

夕方、俺は部屋でくつろぎ、二日後に移動予定の列車のことを調べていた。チェンナイからコルカタまで移動するが、今回の列車旅の中で最長の27時間の旅だ。朝8時半にチェンナイ中央駅を発ち、コルカタには翌日の11時過ぎに着くようで、このルートは現在マレーシアにいる「野宿」という男と合流してから行く予定だ。

俺らの乗る列車は週に2便運行しているようで、運行状況を見ているとちょうど1週間前の便がキャンセルになっているではないか。不吉な予感がする。三日前の便は通常に運行されているものの、なにか心配になってきた。今回の旅の前にインド通の旅人に「列車は24時間遅れることもあるし、平気でキャンセルになる」と聞いていたのだが、今まで遅

延はあったものの、俺の中でキャンセルは想定外のものであった。もしそうなったら他の便は満席で無理で、バスでは長距離すぎるし、旅の予定が大幅に乱れてしまう。野宿にもラインで頻繁に連絡をとり

「もしキャンセルになったら飛行機を使おう」ということに決めていたが、まさかそうは言っても、2週連続そうなるとは考えにくい。

30分後、気になって乗る予定のスケジュールを見ると……「キャンセル」。

「嘘だろ！」と思わず叫んでしまう。もしかしたら見間違い、俺のパソコンだけこの表示が出ているのかもしれないと、わけのわからないことを考えて野宿にも確認してもらうと「キャンセルですね」と返信がある。一応、インド鉄道で空いている席を調べてみるが便が少ないうえ、あっても満席。刻んで移動しようと考えるが、それではいつコルカタに着くかもわからない。悔しいが飛行機で移動するしかない。昔のように無尽蔵に時間があれば滞在をいくらでも延ばしてどうにかなるかもしれないが、決められた日程の場合そういうわけにはいかない。列車の旅を始める前から突然のキャンセルは覚悟をしていたが、まさか自分は大丈夫だと勝手に思っていた。インド鉄道は思い通りにいかない。

そもそも今回の旅の目的の一番目が「列車でインド一周」であったので、チェンナイでそれが終わってしまうのは無念だが、旅自体は終わらないので頑張らないといけない。

俺は3万円を払い、コルカタまで飛行機のチケットを購入した。ちなみに野宿が俺の分まで列車のチケットを購入していたのだが、今回のキャンセルはインド鉄道の不手際だったので1か月後に運賃は返金された。

野宿という男

チェンナイで合流予定の「野宿」はもちろんニックネームだ。年齢は31歳で見た目もかなり若く、現在は都内でシェアハウスを経営している。

あれは6年前に大勢で飲み会をやった時のことだ。

「なんで『野宿』って呼ばれてるの？」

皆がそう呼んでいる男に俺が尋ねると、友人が
「こいつ、野宿が得意でどこにでも寝るし、高校生ホームレスだったんですよ」とわけの分からないことを言う。

16歳の時、野宿は遅刻の常習者だった。まったく起きることができないのだ。眠りが異常に深いのが理由のようで、目覚まし時計をかけても無理。母親が何回叩き起こしてもだめで、学校からも怒られる。

「次また寝坊したら家から叩き出すからね！」

母親が怒りを込めてそう言う。

今はしっかり起きることができる野宿だが、当時は絶望的に起きられなかったのは事実で、友人の家に泊まりに行っても、朝、起こされても死んだようにピクリとも動かないため、友人は困っていたようだ。

母親に怒られた翌日、野宿は起きられずに寝坊した。学校に遅刻し、夕方帰宅すると、アパートの部屋に外鍵が付けられていた。さて、皆さんはこの場合、どうするだろうか？

①外から窓を叩き割って侵入する。ただ、部屋は三階にあるし、仮にそこまで登ったとしても、窓を割ったことを後から責められる恐れがある。

②母親の仕事場に電話するか、後から家に電話をかけて詫びる。

③友だちに頼み込んでとりあえずその日は泊まらせてもらい、母親からの許しを待つ。

野宿はそのどれも選択せず、空地のすみに置かれているたくさんあったドラム缶の間に寝ることにした。まるでマンガの世界だ。意地もあって母親には連絡しない。学校に行き、友人に事情を説明すると、皆、同情してくれて昼飯を分けてもらいながら飢えをしのいだ。学校の帰り、自宅に戻ると鍵が換えられていた。どんな母親なんだよ……。

家に入れなくなった野宿は仕方なく空地に戻り、何日もドラム缶生活を続けた。ホームレス高校生だ。その後、母親から許しをもらい、紆余曲折あって高校を辞めてアルバイトをしながら一人暮らしを始めた。

キルギスでやらかす

2018年俺と野宿は一緒に中央アジアのウズベキスタンとキルギスを旅した。キルギスの首都、ビシュケクに滞在していた時のことだ。旅はビシュケクが最終地点で、部屋は別々にとった。宿のオーナーの息子は巨人の元監督である原タツノリに似ていてまだ22歳ぐらいと若かった。野宿も当時は26歳ぐらいだったので、年齢が近い二人は仲良くなっていた。

俺たちが到着してしばらくすると「タツノリ」がやってきて「あなたたち、受付に大金が入った封筒を忘れていないかい?」と尋ねてくる。どこのどいつがそんな大金を受付に忘れて気が付かないいんだよ。俺と野宿は「私たちは知らないです」と言う。

そして最終日、俺たちは空港に向かうまで宿のサロンでくつろいでいると、「タツノリ」がやってきて

「最後に確認するけど、お金が受付に忘れられたままで持ち主がまだ来ないので困っている。君たちのではないですね?」

「違います」と言う。

そしてタクシーを呼んでもらい、空港まで向かう。航空会社はロシアのS7航空で、俺はロシアのノヴォシビルスクという街を経由してからバンコクに、野宿は経由地は同じで東京まで行く。そのため別々にチェックインをしていると、係員がキョロキョロしながら「君はバンコク行きか?」と俺に尋ねて来る。

「そうだけど」

「君の友達は？」

「あ、彼は東京までですけど」

野宿の方を見ると、スタッフがたくさん集まって何か揉めている。野宿は英語がダメなので俺が助けに入る。

「どうしたのですか？」

聞くと、野宿は日にちを一日間違えていたようだ。本当は昨日のフライト予定で、東京行きがあれば今日に振り替えられるが、毎日便があるわけでないので、明日の便になると言うではないか。信じられないことをするものだ。俺は自分の搭乗時間が迫ってきて行かなければならないが、野宿が心配だ。それを察して野宿は「金はないので空港の外で今夜野宿して、明日の便で帰国します」というが、やっぱり心配なのでお金を少しあげた。

野宿は俺と別れた後、タクシーで「タツノリ」の宿に行くと、彼は驚き、いろいろ気を使って遊びに連れて行ってくれたそうだ。そして二人で話している時、まだ持ち主のいない現金のことを「タツノリ」が再び尋ねてきた。それが入っている封筒を見た時に、野宿は「あ、それ僕のです」と思い出したようだ。奴はお金を紛失したことは完全に忘れてい

たのだ。後に

「10万円ぐらい入っていたので儲かった気がしましたよ。飛行機の日にちを間違えてラッキーでした」と馬鹿なことを俺に言って呆れさせた。

野宿と合流

そんな「問題児」野宿とはチェンナイ最終日の午前中に同じホテルで合流した。ユーイチと別れてから日本語を使ってないので話し相手が出来るのは嬉しいものだ。俺たちは昼食を食べ、マリーナビーチまでオートリキシャで向かう。そこにはいろんなモニュメントがあり、観光客が写真を撮っている。ビーチの入口には売店があり、雑貨、食べ物、浮き輪や帽子、ビーチサンダルなど、どこのビーチでも見られるものが売られている。砂浜は火傷しそうなほど熱く、ビーチサンダルに砂がかかると痛いくらいなのでペットボトルの水をかけて足を冷やした。かなり広いが、ビーチパラソルで休んでいる人は一人もおらず、殺風景で我々が頭に描くビーチとはかけ離れている。海を見てみるが、色がどす黒くて汚い。チェンナイ中の工場排水がそのまま流れこんで、中和しないまま高い波に運ばれて辿り着いたかのようだ。地元の人たちはそれでも楽しそうに海に入って遊んでいる。

「野宿、入って泳げば？」

「え、……遠慮しておきます」

マリーナビーチは街中に近いので汚くて当然かもしれないが、チェンナイ近郊には多くのビーチがあるので地元の人にどこがいいか聞いて訪れるのもいいかもしれない。チェンナイに駐在していた人によれば、マハバリやコバーラムの方に行けば、海は綺麗なようで、レストランの二階から見る海の色は最高に美しいようなので、汚い海を見たくない人はそちらを勧めます。

タンドリーチキン

夕食は地元のレストラン街を覗いて美味しそうな店を探していた。野宿はタンドリーチ

マリーナビーチはにぎわっていたが、汚れが気になった

キンを人生で一度も食べたことがなかったので、それが店前で焼かれている店に入った。大皿のタンドリーチキンが400ルピー(720円)。日本で食べればもっと高いのは当然だが、庶民的な店でこの値段は少し高いように感じるものの、物価高騰中のインドでは仕方ない。俺らはスープ、ナン、カレーも注文し、どれも美味しかった。その中でもタンドリーチキンは柔らかいし、味が染み込んでいる。タンドールと呼ばれる釜で焼かれたチキンはとてもジューシーで、酒と合いそうなので飲みたくなるが、この店では置いていないのは残念だ。野宿も初日にタンドリーチキンを食べられて満足しているようだ。

インド料理を堪能する野宿とタンドリーチキン

快適な空の旅

9時に宿をチェックアウトした俺と野宿はウーバーの配車で空港まで行こうとしていた。だが、ホテル前で車を待っていてもなかなかやって来ないので相手の位置情報を見ると、宿からわずか5分の場所で車がずっと停まったままだ。最初は渋滞かとも思ったが、少し様子がおかしい。相手から電話がかかってくるが、出ても途中で切れてしまう。すると運転手からメッセージが入り「もう100ルピー欲しいけどOK？」とある。アプリで映し出されている料金は350ルピー（約630円）で、安すぎると思ったし、待つのも嫌なのでOKと返す。するとすぐに車はやってきた。きっと俺が日本人とわかり、駆け引きをしていたのだろう。到着する少し前に焦らし、もしこっちが拒否したら運転手は「じゃあ、こっちはキャンセルするかもよ？」とプレッシャーを与える。あるいはインドなので、とりあえず金を吊り上げてみようかと、そんな考えなのだろう。それでも空港まで渋滞もあって40分はかかったので合計450ルピー（約810円）は安い。

空港に着いてすぐに列車の駅舎と比べてしまう。

1. チケットを持っている人じゃないと空港内に入れないので空いている。
2. 空調が効いているので心地よい。
3. キレイで清潔感がある。
4. わずか2時間半のフライトなので気が楽だ。

全てが列車旅よりも優れているのだが、列車でインドを一周することを目指していたのでそれが叶えられないことは残念だし、悪いことをしたような気分になってしまう。

飛行機に乗り込む。俺の席は三人席の通路側なのだが、インドの特徴で誰かが必ず座っている。「俺の席だよ」と言うと、30歳ぐらいの男は「ムスッ」としながら真ん中の席に移動した。窓側にも人がいて彼の仲間のようだ。だったら最初から人が来るのを想定して自分の席に座れよ。この男は飛行機に乗るのが初めてらしく、飛び発つと写真を撮りまくり、席を離れたりして落ち着かないし、俺のスペースに足や肘を持ってきて、俺は居心地が悪く、2時間半のフライトは長く感じた。あれだけ文句を言っていた列車の旅が、少しだけ懐かしく思い出された。

第八章

魑魅魍魎のコルカタ

地獄のプリペイド・タクシー

チェンナイからコルカタまでは列車で27時間の予定だったが、飛行機でわずか2時間半。やはり飛行機は楽だ。

コルカタには過去三回訪れたことがあるが、今回到着してまず驚いたのは空港が新しくて綺麗になっていることだ。調べると、2013年に国内線と国際線を統合して新オープンしたらしい。俺が最後に来たのが2005年なので、あんなにボロくて薄暗かった空港が新しくなって少し感動してしまう。そう俺は18年ぶりのコルカタになる。

外に出てみると、ウザい奴が集まってきたかつての空港ではなく、誰も寄ってこないし、タクシーも少し綺麗になっている。

空港からプリペイド・タクシーを使ってホテルまで行こうとしていたが、かなり俺は警戒をしていた。それもそのはず、かつてコルカタはとんでもなく評判が悪かったのだ。俺もこんな経験をしているので書いてみたい。

あれは1998年、日本人男性二人と合計三人で、プリペイド・タクシーを使って当時バックパッカーの聖地と呼ばれていたサダルストリートまで行こうとしていた。

評判が悪いのは耳にしていたが、まだ陽は明るいし、こっちは三人もいるのでさして気にしていなかった。チケットを買って乗り場までが魑魅魍魎で、貧乏そうな痩せている男たちがどっと押し寄せ、勝手に俺たちのカバンをタクシーまで運ぼうとするのだ。それもかなり強引に。俺たちはそれを死守し、ボロボロのタクシーに着いてトランクに荷物を入れようとすると、男たちはそれを摑んで勝手に運んでいく。俺たちは乗り込んで運転手に行先を告げるが出発しない。すると俺たちを囲んでいた男たちが凄むように「俺たちは荷物を運んだのだからチップをくれ!」と喚くように言ってくる。こちらが嫌がっているのに勝手なことをやって後から「金をくれ」など強盗と同じだ。俺たちは無視をしたが奴らはかなりしつこい。

「1ドルでいいし、タイのバーツでもくれよ」

連れの男がブチ切れ「ふざけんな! このことをタクシー会社に抗議するぞ! 俺たちは一銭も払わないタクシーは早く行け!」そう怒鳴ると、ようやくタクシーは動き出した。いきなりのインドの洗礼である。

その2か月後。俺はアフリカを旅していて、この時は一人でコルカタの空港に降り立った。もちろん2か月前のことがあるので警戒していた。プリペイド・タクシーのチケットを購入してタクシーが停まったのでチケットを見せながら「これはプリペイド・タクシーだよね?」と尋ねてみる。

「そうだ。早く乗りな」と相手は言うが、なにか怪しい。するとそこにもう一人のインド人がやってきて勝手に助手席に座ったのだ。これはインドでよくある「謎の助手席野郎」で、ろくなことはない。中には強盗になるものもいるし、女性は性被害に気を付けないといけない。この男の目的はよくわからないが、偽物と判断した俺は「君たちは偽者だね。バイバイ」と言って無視して立ち去った。その後、いくつかのタクシーにあたってみるが、ある運転手などはチケットを持ったままどうしていいのかわからず、リレー方式でほかの奴に回したりする始末。全員、偽物なのだ。俺はブチ切れて
「お前らふざけんな! チケットを返せ!」

ひったくるようにチケットを奪い返し、その後、自力でタクシーに乗ったのだ。

今回もプリペイド・タクシーのチケットを購入し、乗る予定のタクシー番号を探す。すると、その番号の運転手がよってきて荷物をトランクに入れるまでは良かったのだが、行

先が書いてある紙を見せるとベンガル語で一方的に捲し立ててくる。コルカタのタクシーやオートリキシャ運転手の特徴は英語が全くわからない人が多く、一方的にベンガル語でなにか叫ぶことだ。俺が

「宿の場所がわからないのか？」と聞くと、素っ気ない態度でタクシー運転手が集まっている場所に行って何やら話している。ロクなことを考えてないと思い、俺は野宿に荷物を見てもらい、運転手の所まで行き「あのさ～　まだ行かないの？　行って欲しいんだけど。場所がわからないなら他の人に頼むように会社の人に言うよ」と強い口調で伝えるとゆっくり動き、車に乗り込んで出発した。

コルカタは暑く、車の窓を開けるだけではツライが、エアコンがないと思っていたので我慢していた。すると運転手は「エアコンつけるか？」と尋ねてくる。これはありがたい。あるなら最初からつけてくれよと思って

「お願いします」と言うと

「2ドル払ったらつけるよ」

バカにしてんのか！

「だったらつけなくていいです」
そんな不穏な状況でホテルに向かう。

サダルの変貌

部屋で少し休んでから晩飯のついでに懐かしのサダルストリートまで歩いて行くことにした。歩いたら30分ぐらいで着きそうだ。宿の周辺は下町というか、一部がスラムみたいになっている場所もあり、庶民的な生活を垣間見れる。東洋人が珍しいのか、住民は興味を持ってジロジロと見てくる。野良犬がやたらと多く、4匹の子犬がやってきた。野宿が少し反応したことで、子犬たちにとって遊んでくれる対象になったのか、付きまとって離れない。野宿は俺と同じで犬が嫌いなだけでなく、インドにおける狂犬病を凄く警戒していて噛まれることを恐れていた。野宿は嫌がっているが、犬はじゃれてくる。犬好きの人は遊んで子犬に噛まれる場合があり、その場合、すぐに病院に行かないといけないし、旅行計画も大幅に狂ってしまうので近づかないのがベストだ。

建物がかなり密集し、水浴び場では男たちが上半身裸になって石鹸を付けて体を洗っている。暑いので気持ち良さそうだ。バナナが露店で売られていて値段を聞くと4本で20ルピー（約36円）。狭い道路にはサイクルリキシャがたくさん走っていて「パフ、パフ」と気の抜けた間抜けな音を出してくる。そこから大通りに出ると小さな生簀に魚が入っていて、たくさんの種類の魚が売られている。タバコ屋があったので購入しようとしたが、店主は英語が話せないので少し困っていると、男がいきなりやってきて手伝ってくれる。インドではタバコのばら売りが多く、「君の買おうとしているタバコは10本入りで1本抜かれているので9本。だから○○ルピー払って」と計算して伝えてくれる。なんと親切なのだろうか、お礼を言うと笑って返してくる。

しばらく歩くと人通りが多くなってレストランやバーの看板が目立ってきてにぎやかになってくる。

「嵐さん、サダルストリートはもう近くですよ」と、マップを見ている野宿が言う。

静かな通りを歩くが、そこは高級なホテルが何軒もあり、インド人かバングラデシュ人旅行者かわからないが、スーツケースをコロコロ転がしている。18年前の記憶を辿るが、はてここはどこなのか、全くわからない。確実なことは、このような場所は当時なかったはずだ。スマホで場所を確認すると……うん？　サダルストリート。ここが？　嘘だろ。俺はサダルストリートという標識を自分の目で確かめた。間違いない。信じられない、俺の知るサダルはどこに行ったのだ！

当時はバンコクのカオサンロードと並ぶほどバックパッカーの聖地として有名だったサダルストリート。安宿が建ち並び、旅行会社、レストラン、ネットカフェが数多くあった。世界中の旅行者が集まるということは、詐欺師や犯罪者、怪しい奴もたくさん集まってきていた。

当時俺が常宿にしていたホテルの前に来たが、高そうなホテルに建て替えられている。当時は一泊20ドルで、この通りの中では二番目にレベルが高い宿だった記憶がある。現在の値段は一泊6000円になっている。通りは静かでバックパッカーは皆無、インド人とバングラデシュ人しかいない。詐欺師やゴロツキの姿もなく、聞くとどうやら政府の方針で、彼らはこの辺りに住んでいたホームレスや物乞いと共に一掃されたようだ。たまに日本語で話しかけてくる奴がいるが、彼らは土産物を売っているようで、おそらく元ゴロツキか詐欺師だろう。こんな場所で「友達に日本人がたくさんいる」「兄弟が日本に住んでいる」と日本語で言われても何も信じるわけない。それでも人力車が走っている姿を見ると、あ〜あ、コルカタだな、サダルだなと思ってしまう。少し嬉しい感覚になる瞬間だ。

一軒の高級ホテルが目に入った。あれ？　なんかここには思い出があるぞ、あ、そうだ、ここは当時、サダルストリートで一番高いホテルで、インドでは御法度の牛肉のステーキを出してくれる店であった。俺は中に入ってステーキとビールを注文して、支払い時にチップを15%上乗せして出ようとしたらウエイターが全く動かず、そして怒ったように「チップが少ない。もっとくれ」と言ってきた。

「ふざけんな、ちゃんと払っているだろ」と、少し揉め、せっかくの食事だったのに、後味がものすごく

サダルストリート。かつてのバックパッカーの聖地は消滅

悪いものになったのがこのレストランだった。

通りには当時、名物屋台があって、日本語、韓国語、中国語、英語などで呼び込みをしていた。値段は安く、ラーメン、チャーハン、オムライスなどを出していてよく食べた。そこにいるとたくさん日本人がやってきて、世間話や情報交換などをしていた。そこからすぐ曲がった所にチャイ屋があったのを思い出して行ってみると、綺麗になって存在していた。当時は日本人が溜まっていて、それに伴い詐欺師などが声をかけてきたものだ。

かつては麻薬中毒者、ヒッピーや世界中の観光客が集い、ゴロツキや詐欺師ばかりだったサダルストリート。時代の波には逆らうことが出来ないが、その頃のことを思い出すと非常に寂しい気分になってしまった。

現金40万円の謎

この日は野宿とゆっくりしようと思っていた。まず歩いて30分かけて駅の近くにあるKFCに行って食べよう。出かける準備をしていると野宿は大きめの財布を大事そうにポケットに入れている。「あれ？　俺と同じような腰に巻く貴重品袋は持ってないの？」

「持ってないです。肌身離さずこれを持ち歩くので大丈夫だと思いますよ」と言う。

「貴重品袋を買えって言っただろ！」

しかしもう仕方ない。野宿によると、大きな財布の中にはインドルピーが5万円分ぐらい、クレジットカード3枚、パスポート、そして驚くのが日本円で40万円があるという。

「なんで40万円も持ってきてんだ？」

「いや～ちょっと仕事で稼いだ金で、面倒なのでそのまま持ってきてしまいました」

「邪魔だし、盗まれる危険があるから持ってくるなよ」

「いや～気を付けます」

相変わらずわけが分からないことをするし、少し心配だが、俺もついているし大丈夫だろう。

宿を出ると気温が35℃以上あり、汗が噴き出てくる。風もないし、空気が悪いし、人が多すぎてやたらとゴミゴミしている。

シアルダー駅に到着した。ここはメイン駅ではないが人がかなり多く、そんな中でも床に寝ている人がある一定数いる。駅舎は思ったよりも綺麗で、そこの一部にＫＦＣがあったので中に入るが、室温に鈍感なババアが集まる部屋のようにクーラーが弱くて暑いし、外は人で溢れているのにガラガラだ。値段が現地の人には高すぎるので上の階級の人しか入ってこないのだろう。

飯を食べ終わり、タクシーに乗ってクエストモールという高級なモールに遊びに行くことにした。タクシーはかなり積極的で強引だ。野宿が150ルピーで交渉したが、地元の人はたぶん80～100で行けるだろうが仕方ない。すると、乗り込んだタクシーがなかなか出発しない。運転手が他の客に声をかけておそらく「クエストモールに行くけど近くまで〇〇ルピーで連れて行くよ」と言っているのだろう。

「まだ行かないのかね？」と野宿に言うと

「客を二人ぐらい捕まえないと行かないかも」

俺は暑さもあって、イライラしてきた。俺らと交渉したんだからすぐに目的地に行かないといけない。当たり前だ。俺らが文句言わないと思ってこんなことをやっているんだろ。

「おい、なんで行かないんだよ！」

俺はドライバーに言う。

「客を探しているんで……」

「は？　俺らは早く行きたいんだよ。早く出せよ！　じゃないと降りて他の車を捕まえる！」と俺が怒鳴ると、運転手は謝ることはなく、車を発車させた。このような理不尽なことをされたらインドでは徹底的に抗議しないと負けてしまう。あのまま何も言わなかったら10分ぐらい暑いのに客待ちに突き合わされ、他の客を降ろすのに時間がかかり、その客が20ルピーしか払っていない現実を知って落ち込み、損をしてしまうのだ。

懐かしき香港飯店

昔から何回も行っている香港飯店というチャイニーズ・レストランがまだ残っているのを知り、懐かしさもあり晩飯で行くことにした。かつて知り合った旅人と行ったことを思い出す。

インドにおけるチャイニーズ料理は「インド中華の話」で少し触れたが、18世紀末に東インド会社によって国際都市となったコルカタに、華人のコミュニティが形成された。それからインド各地にチャイニーズ料理が広がり、そして現地の味に合わせて独特のインド中華が完成された。

店内に入ってみるが、客は俺たちだけでかなり内装も古くなっている。懐かしいというよりも全く思い出せず初めて入る店のようだ。スタッフは二人いて、ウエイターをやっている経営者みたいな年配男性は少し日本語も話せるようだ。

「麻婆豆腐はありますか？」と尋ねると
「お昼にたまたま韓国人の団体客が来て豆腐がなくなった」と言う。麻婆豆腐が食べたかったが仕方ない。他の品を注文したがなかなかやってこない。すると他に客もいないし暇なのか年配男性スタッフが話しかけてくる。

「君、日本人でしょ？　なんでコルカタに日本人は来なくなったんだね？」と、急にそ

香港飯店。かなり古くなってきている

んな質問を俺にぶつけてくる。

彼によると昔は日本人旅行者がたくさんいて、店にも来てくれた。それが何で来なくなったのか理解出来ないので教えてくれと言う。

昔はインド・ビザを取るのが面倒で、バンコクで取る人が多く、更に今ならデリーやムンバイまで日本から安く行けるようになったが、当時は航空券が高かった。なので昔はバンコクでビザを取ってからコルカタまでのチケットを購入し、コルカタをインド旅行のスタート地点にする人が多かったが、今は日本から直接ムンバイかニューデリーに入って、そこを起点にジャイプールやバラナシに行く旅行者が多く、それがコルカタに来る人が減った一つの理由だと、そのようなことを説明する。もちろん日本人バックパッカーの激減、日本がかつてのような金持ち国でなくなったのも要因にあるが、とりあえずそのように男性に説明した。

男性によるとコロナ禍のダメージも大きく、中国人、韓国人もかなり減り、欧米人旅行者の数も未だに回復していないという。サダルストリート近辺も東洋人や白人の姿をほとんど見ていないので男性も愚痴を言いたくなるのだろう。

「なんで日本人、韓国人、中国人、白人の姿が消えた？　今ではインド人旅行者ばかりだ！」

日本人旅行者やバックパッカーがたくさん来て繁盛していた頃の名残がこの店に全く感じなかったのが残念だった。

最後に男性と握手しながら

「次に俺がコルカタに来るときはもちろんこの店に寄るけど、その時までにまた外国人旅行者が復活することを信じてます」

そう言うと男性は嬉しそうに笑った。

コルカタを観光してみよう

この日はサダルストリートにあるブルースカイ・カフェからスタートする。ここは昔、よく待ち合わせに使っていた場所だ。食事をしようと入ってみるが、内部はかなり綺麗になっている。内装が変わるともはや懐かしいとか、その時の思い出は吹っ飛んでしまう。

昔、日本人旅行者と仲良くなって「では19時にブルースカイ・カフェで待ち合わせしましょう」と旅の情報交換などをしたのは良き思い出だ。その後、ニューマーケットに行くと凄いにぎわいだ。かなり混沌としていた印象を持っていたが、思いのほか綺麗に整備されている。東洋人や白人旅行者の姿も目立ち、スリが多いだろうと思って警戒する。野宿は全財産を持ち運んでいるが大丈夫なのだろうか？　そこにはパスポートとクレジットカード3枚も一緒に入れてある。分散させることを忠告したが、言うことを聞かないのでもう自己責任だ。

この近辺はウザい奴もいて、日本語や韓国語で話しかけてくる。「絨毯を見ていきなよ、さあ～」とニヤついている男がそんな日本語で誘ってきても行くわけない。

その後、近くにあるインド博物館に行ってみる。1814年にオープンしたインドで最古で最大の博物館なのだが、過去に二回は行っているのに全然覚えていないということは大したことはないのだろう。ここは植民地時代には「コルカタ帝国博物館」と呼ばれていたようだ。

館内は広くてそして暑い。ときおり展示品の保存に関係あるのかクーラーが効いている部屋があり、自然とそこに長く居座ってしまう。動物の剝製ゾーンがあり、インド人旅行者などが記念撮影をしている。この博物館は大きいが外国人は少ないようで、俺と野宿のことが珍しいのか「どこからきたんだ?」「日本人か?」「こんにちは、インドはどうですか?」と友好的に話しかけてくる人が多い。

豪華な馬車

モイダン公園まではインド博物館から遠くないので歩いてみることにした。この大きな公園は街の中心地にあり、西側にはウィリアムス要塞があった場所がある。公園の入口にある広場では、学校の体育でインドの国民的スポーツであるクリケットの練習をやっている。先生が生徒にノックをしているのを見るが野球にそっくりだ。野宿はスポーツが好きなので興味深く見ている。

広い公園は暑いせいか人がまばらで、アイス売りもやる気がなく、全然声をかけてこない。馬が飼われていて、白雪姫に登場してくるような馬車がたくさん停車している。結婚式や行事用に見えるが、こんな数が使われるのか不思議だ。馬が草を頬張り、馬糞のキツイ匂いが鼻に刺激を与えて不快感を覚えてきた。すると二人の少年が俺らの方にやってきて言う。

「馬車に乗らない？」

なんで俺が馬車に乗らないといけないのだ、しかも野宿と。やんわり断ると今度は学校に通っているとは思えない小学生ぐらいの男女二人が生意気な態度で「馬車に乗らん？」

それにしても街の中心にある公園に羊と馬がいて、馬車まであるとは、なんという香ばしい公園なのか。

歩き進むと、白い大理石の外観が美しいヴィクトリア記念堂が見えてくる。ここはイギリス国王兼インド皇帝だったヴィクトリア女王を記念して１９２１年に開館した。

コルカタは１７７２年に英総督府の首都になり、１９１１年にデリーに首都が移転されるまでイギリスのインド支配の拠点として発展していった。政治都市のデリー、商業都市のムンバイ、そしてコルカタはイ

馬車に乗りたい人はモイダン公園にいきましょう

ンド文化の中心都市ともいわれ、音楽、舞踊、映画などの各分野で有名だ。

イギリスにとって、ムンバイに続いて獲得した拠点がコルカタで、１７０２年にウイリアム砦の建設を開始し、イギリス東インド会社はベンガル地方における輸出関税の免除という特権を得た。ベンガル地方は当時イギリスが求める産物の集散地で、１７５０年には、イギリス東インド会社全体の75%がベンガル地方で占めるようになった。１７５７年にはプラッシーの戦いでベンガル太守を破ると、イギリスの政策はインドを統治することに大きくシフトし、コルカタは英領インド全体の拠点となった。

ツアーで騙される

この日は事前に申し込んでいたスラムツアーだ。今回、インドのスラムをあまり見てないのでツアーでじっくりと見たかった。ツアーの申し込みは野宿に任せ、３時間ぐらいのコースで一人約６０００円を振り込んでいた。ツアーのレビューは評判が良かったが、最新のレビューでは「待ち合わせの場所に行ったが誰も来なかった。とんでもない」と書かれていた。俺の知り合いでも勘違いからこのような失態をした人がいたので、少しひっかかるものがあったがあまり気にしなかった。
12時に集合なので11時15分には宿を出ることにした。タクシーに乗り、待ち合わせ場所に着いたのは11時45分。高層マンションの入口で待ち合わせなのだが、そこの警備員にやたらと邪魔にされる。事情を説明して中で待たせてもらおうとしたが、ゴミを扱うような態度で「あっちに行ってくれ」と。俺はこの時、なにか違和感があった。普段からツアーを開催していれば、客はこの場所で待っているわけで、警備員たちは常日頃、俺たちのような外国人や観光客を見ているはずだ。しかしそんな感じが一切しない。大丈夫か？　野宿も何かおかしいと感じていたが、場所はここで正解なので待つしかない。マンションには車やバイクが出入りし、買い物帰りの住民が警備員と世間話などをしている。
12時15分。旅行会社に電話をしても出ないし、メールをしても反応なし。俺はそこの旅行会社のレビューを改めて見てみる。レビューで高評価だったのはコロナの前までだった。それ以降のレビューは先ほどのすっぽかされた一人のみ。他のツアーのレビューを見てみると数か月前の投稿で
「他のツアーの人も同じことを書いていたが、僕も待ち合わせ場所に行ったが誰も来て

いなかった。おそらくもうこの旅行会社はやっていない。それなのにこのサイトに出すことが問題である」とあったのだ。

「もう無理だ、野宿、諦めよう」

野宿は諦めきれないのか、いろいろと方法を探っていて動かない。時刻は12時45分。俺たちはガッカリし、野宿は自分が予約したので責任を感じているようだ。俺も野宿から「ここのツアーにしようと思いますがどうですか?」と送られてきた時に、もっと注意して見れば良かったのだ。高評価のレビューはコロナ前までで、他のツアーの人のレビューも目を通すべきだった。おそらくコロナ前までは順調に経営をしていたが客がゼロになり、ツアー自体が出来なくなって廃業して、そのままの状態だったのだろう。俺たちは無言で宿まで戻った。

その後、野宿は予約サイト会社に抗議し、その会社は旅行会社に連絡してみたがダメみたいで、おそらく予約サイト会社の方からツアー代金が野宿に返金された。諦めていたのでその点は救われた。

いざ、バラナシへ

バラナシに移動の日だ。コルカタのハウラー駅を19時15分に発ち、翌朝の9時15分にバラナシの「バラナシ・ジャンクション」駅に到着する。今回は3Aで1090ルピー（約1960円）だ。

インド映画を観てからショッピングセンターで時間を潰し、ハウラー駅に到着したのが16時で、その後、待合室で出発を待っている。野宿は今回、列車に乗るのが初めてなので不安と期待感からか、少し緊張しているように見える。俺の方はもう何回も列車に乗ってきて、かなり自分自身でも慣れたきたのがわかる。

電光掲示板に俺らの列車番号が点滅し、そしてプラットフォームの「4」が表示される。俺たちは移動を開始した。始発だとゆっくり乗り込めるし、降りる人がいないので比較的楽だ。

長い車両の列車がゆっくりと入線してきた。中に入ると一番端の六人席だ。寝台車の場合、これは良くない位置だ。ドアがすぐ近くにあり、更に2Aと違ってカーテンもないので、出入りがウザいだろうし、防犯にも気をつけないといけない。俺が三段ベッドの一番下で野宿が二番目。一番上に表情の暗い女性がいたが、荷物を置いて少し座るとどこかに行ってしまった。俺の向かいには老夫婦がいてフレンドリーに話しかけてくる。

「どこまで行くんだね?」

「バラナシまでです。あなたたちはどこまでですか?」

どうやらこの老夫婦は4時間先にある町に帰るようだ。

向かいの三段目には40歳ぐらいの男性がいて、平和に時間が過ぎていく。先ほどの暗い女性が荷物を取りにきて、またすぐどこかに行くと、今度は派手なテカテカ光る黒いYシャツを着てタコに似ている50歳ぐらいの男性がカバンを持ってやってきた。どうやら女性に席を替わってくれと頼まれたようだ。「タコ」氏は座るや否やサンドイッチを食べ始め、その包装紙を無造作に床に捨てている。

21時になって腹が減ってきた。するとインド鉄道のスタッフが食事の注文を取りにきた。「タコ」氏によると、この列車には調理車両があって、そこで作って持ってきてくれるとのこと。出るのはカレーのセットみたいなもののようで、俺たちは迷わず注文した。

20分後、食事が運ばれてきた。カレー定食は作りたてで温かい。見ると、カレーがチキンと野菜の二種類、カレー風スープ、ライス、パンが入っていて量が多い。場所が狭いので「タコ」氏は「君たちの食べるのに邪魔になるから僕は空いている席で食べているね」と、とても優しい人だ。料理の味はかなり美味しいのだが、量が多くて食べきれない。「タコ」氏は全部平らげたようだ。インド人は非常に大食いだ。料理に油が多いのが原因かもしれないが、中流以上のインド人は30歳を過ぎると太ってくる人が多く、腹が出ている人ばかりだ。「タコ」氏も身長170センチぐらいで一見、中肉中背だが、腹が異常に出ている。

注文した定食。美味しかったです

最悪の寝心地

俺たちはベッドメイクをして灯りを消して寝ることにしたが、これからが大変だった。

まず向かいの老夫婦が列車を降りるとすぐに向かいの下段に男がやってきた。俺はサブに使っているリュックを枕のすぐ下の床に置いている。これまでの寝台車はそれで大丈夫だった。因みにサブバッグの中にはパソコンや予備の金や、大切な物はあるが、もっと重要な物は腹巻型の貴重品袋に入れてある。その男は俺と同じ大きさのリュックをすぐ下の床に置いて、相当眠いのか、毛布を頭から被って寝てしまった。俺が寝ている間に今やってきた男は途中の駅で降りるかもしれない。その際、どさくさに紛れて俺のバッグを持っていく可能性もあるので注意しなければ。

列車はいつもの揺れがあるが、これには全然慣れることがない。トイレなどの出入りも多く、カーテンがないので全く寝られない状態だ。いつの間にか向かいの三段目の男は居なくなっている。

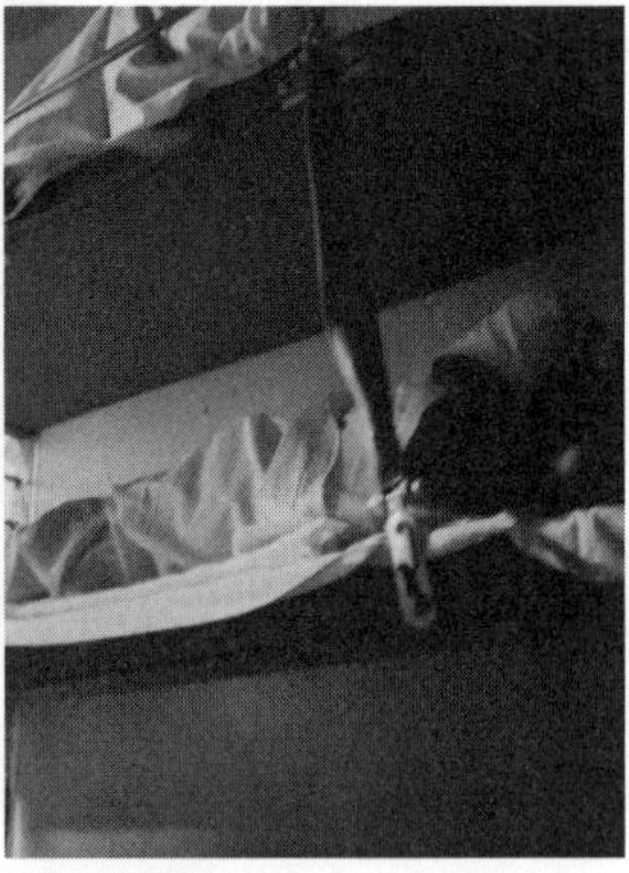

深夜の寝台車

ようやく俺が気持ち良く眠りに着いた頃、人声で目が覚める。荷物を持った若い男女がおそらく「誰もいないよ。寝られるよ」とでも言っているのか、そのうち向かいの二段目と三段目のベッドに入って眠り始めた。この列車はチケットを持ってない奴も乗せるのか？　通常、3Aは全席指定なので入ってはいけないはずだが、チケットのチェックがほとんど来ないので、それを知っている人が乗ってくるのだろう。誰が乗ってくるかわからないし、かつての日本の寝台車のように夜中は停車しないということは全くなく、真夜中でも乗降者の出入りが激しい。

しばらくすると、また人声で目が覚める。どうやら元々チケットを持っていた三人組が俺の向かいで寝ている三人を起こしてどかしているのだ。言い争いや喧嘩にはならず、それでいて勝手に寝ていた方は申し訳ない気持ちを全く表していない。

「マジかよ、うるさくて寝れないよ」と、俺は独り言を言ってしまう。すると俺のサブバッグが盗まれた感覚がしたので慌てて起き上がると、向かいの下の男が自分のバッグを運んだだけだった。寝ていた三人はどこかに行ってしまい、新しい乗客の三人はベッドメイクをしてそして眠り出した。

俺も再び寝たのだが、足に何かが当たる違和感があって起きてしまった。なんと、先ほど追い出されたチケットを持っていない女性が俺のベッドの隅に座っているではないか。ありえないだろ！　どういった神経しているのか。邪魔だし気になって寝られない。抗議しようと思ったが、さすがに言いにくい。俺は寝相が悪くて足が当たる振りをしてプレッシャーを与えていると、いつの間にかいなくなっていた。きっと途中駅で降りてしまったのだろう。

俺がこんな思いをしている間も、野宿は毛布を頭からかぶってピクリともしない。

どうにも落ちつかない列車の旅、本当のトラブルはこれから起きることになる。

第九章

ガンジス川を誇るバラナシ

朝8時の大事件

俺は眠りについていた。ふと目を開けると俺の横でウロウロしながら何かを探している野宿に目がいった。時計を見ると朝8時だ。

「おはよう。何やってんだよ？」

野宿はとくに慌てた様子もなく、いつもの口調で

「嵐さん、大変なんですよ。僕の全財産が入った財布が見つかりません」

俺は最初、何を言っているのか意味がよくわからなかった。そして続けて野宿は言う。

「大事な物なので財布を胸に抱いたまま寝ていたのですが、寝相が悪くて蹴っ飛ばして通路まで飛んでいったのかもしれません」

なんてことだ。ようやく事態がつかめてきた。

「は！　マジかよ。大変じゃないか。だから俺は口を酸っぱくして腹巻型の貴重品袋に入れて肌身離さずにいろと言っただろ！」と激しい口調で言ってしまったが、なくなるなんて考えられないし、スリや泥棒も、野宿の毛布の中に入っている財布をわざわざ盗ることはしないだろう。驚きはしたが、すぐに見つかると楽観的に思っていた。俺はベッドから

起き上がり、冷静にシーツや毛布などを全部どかして徹底的に探し、連結部分のゴミ箱やトイレ、あらゆる所をチェックしたがダメだった。どこにもない。

もう終わった。

バラナシ観光どころではない。野宿はなんか不貞腐れて「ヒッチハイクでデリーの日本大使館まで行って、帰国用の紙を貰って帰国しますよ」と、バカなことを言っている。一体、一文無しで何をするつもりなのか。

野宿のインド物語（前半）

不幸中の幸いじゃないが、野宿のスマホと充電器は無事だ。紛失したのは日本円のなぜ持ってきたかわからない40万円。インドルピーが3〜4万円分、クレジットカード3枚とパスポートだ。ビザはパスポートに貼られている。野宿はこんな状況なのに
「他はいいですが、40万円は痛いです。せっかく働いて貯めたのに、帰国したらバイトしないと」
自分の置かれている状況をよくわかっていないようだ。そもそも40万円を持ってこなけ

ればいいだけだったのに。

まず、俺は受け取るのを断る野宿に500ルピーを渡す。さらに、俺のキャッシング用カードには残金が少ないので、野宿のスマホから振り込んでくれたら俺がキャッシングして現金を渡すことにした。クレジットカードは車内から連絡しすぐに無効にした。駅に到着したらホテルにとりあえず行き、スタッフに事情を説明して対策を相談することに落ち着いた。

窓からガンジス川が見えてきた。こんな状況下にも関わらず、壮大さに圧倒され二人で思わず見とれてしまう。

9時半過ぎに「バラナシ・ジャンクション」駅に到着した。バラナシはインドに興味を持つ人で知らない者はいない街なのだが、意外にも俺は来るのが初めてで皆に驚かれた。旅好きなら必ず若いうちに訪れるような所だ。俺は今回の旅でバラナシの街やガンガーを楽しみたかった。

駅にはオートリキシャの客引きがかなり多い。それにしてもまだ午前中なのに気温がかなり高く、見ると36℃もあるではないか。野宿が150ルピーで客引きと交渉して宿に着いた。今回の宿はバックパッカー宿で、レビューなどを見ると評判は良さそうだ。俺はシングルームで野宿はドミトリー・ルームを予約している。三階まで階段を登っていくと、窓から猿が顔を出していて、俺らの姿を見て逃げる。そういえばバラナシは猿が多く、開いている窓から侵入して旅行者の財布やパスポートを盗む話も聞いている。

受付で野宿の状況を説明すると、オーナーの男性も出てきてどこかに電話をかけて確認している。まず、パスポートがないとホテルに宿泊出来ないが、警察署で紛失証明書をもらってくれれば、それが代わりになって泊まれるので、まずは警察署に行って来るように言われる。

「では、一人で行ってきます」と野宿は軽い足取りでふらりと出かけてしまった。

チェックインは13時からのようでまだ3時間もある。サロンで休むが、クーラーはなく、ファンは時々起きる停電ですぐに止まって暑くて仕方ない。

それにしても野宿は何をやっているのか。俺が注意しているにも関わらず貴重品を疎かにし、そもそも40万円をなぜか持ってくるし、それに何であの状況下で財布が無くなるのか全然わからない。

俺は疲れてウトウトしていると、野宿から電話があった。俺は無事に全てが済んで戻る

との連絡かと思ったが、
「あの～　警察官が嵐さんと話したいというのですが……」
電話の向こうが警察官に代わるが、時々音が切れるしインド英語で何を言っているのかわからない。野宿に代わってもらい
「紛失証明書をもらうだけなのだから一人で頑張れ」と突き放すように伝えた。完全に野宿が悪いので、自分のケツは自分で拭かせないと奴のためにもならないと思っていた。
俺は再び、ウトウトするとラインが入る。それには
「嵐さんに来て欲しいようなので、警察署まで来られませんかね？　無理なら一人で頑張ります」
俺は疲れの限界と暑さもあり、少し気分が悪くなっていた。奴は翻訳アプリを使うのが得意なのを知っているし、自分の力で解決させないとダメだと思った。もし本当に助けが必要だったら、俺は観光を中止してでも野宿を支えようと考えていたのだが「一人で頑張れ！」と伝えると、奴は俺に突き放されたと思ったようで、本当の意味で一人だけの力で帰国しようと決心したようだ。

野宿のインド物語（後半）

13時に宿のチェックインが出来たがまたもや支払いは現金のみだ。「予約サイトにはクレジットカードがOKと記載されていましたよね？」と問うと「今、機械が壊れているもので」といつものパターンだ。

俺はATMまで歩いて向かうが少し距離があり、スマホのマップでルートが出るのだが狭い路地ばかりに誘導していく。バラナシの旧市街は狭い路地が多く、野良犬や野良牛、バイク、オートリキシャなどが多くて歩くのが疲れる。おまけに暑くてたまらない。少し道に迷っていると四人組の18歳ぐらいの少年が遠くからジロジロと見てくる。この流れはロクなことにならない。奴らとすれ違う時、日本語や韓国語で何やら言ってくる。俺は完全に無視だ。すると奴らは俺の前に戻って来てなにやら文句を言い、そして体をクネクネと動かしながらからかってきたので、俺は猿を見るような目で一瞥して道を進んだ。馬鹿は相手にしない。

部屋で夕方まで休んで俺はバーに行くことにした。まずは酒だ。宿を出ると人が大勢出ている。昼間は暑いから市民は大人しくしているのだろう。19時を過ぎると言ってもまだ

34℃もあるが、野生動物のように気温が下がるとバラナシ市民は活発になるようだ。車、バイク、オートリキシャ、人などでごった返し、秩序などないのでめちゃくちゃだ。バイク同士が正面衝突し、お互い詫びることなく壊れた箇所を確認し、少し話し合って二人とも走り去ってしまうし、タクシーの運転手はなぜか車から降りて誰かと殴り合い、それを別の男が止め、また少し歩くと警察がオートリキシャの運転手を逮捕している。大丈夫かよ、この街は！

バーに入ると涼しくてサービスの良さにほっとする。

俺は美味しい食事とビールを堪能しながらも、野宿のことを心配していた。奴は暑いバラナシでヒッチハイクの車を探しているのだろう。金は俺が渡した500ルピーしかないし、どうなっているのか。すると共通の知人Aさんから連絡が入り、どうやら意味はよくわからないけど野宿は警察に世話になっているとの報告があった。少し不安になって調べるとバラナシの警察は評判が悪く、マフィアとの癒着も報道されている。大丈夫であろうか？

Aさんが「嵐さんが心配しているから、大丈夫なら連絡しなよ」と野宿に伝えてくれたそうで、奴からラインが入る。

「僕は大丈夫ですから心配しないで下さい。一人で帰国してみます。これからはお互い一人行動しましょう」と連絡があった。野宿が何を考えているのか、俺にはわからない。もう好きにさせようと思った。

驚愕の展開

野宿本人がこの後の詳細についてはワケがあって言いたくないようなので、野宿のツイッター（X）やグループラインの報告を見ながら考察した俺なりの推測を簡潔に記述してみる。

まずバラナシで警察に面倒になる。警察官は同情してご飯を奢ってくれ、更に金をくれたようだ。そして警察官二人が同行してニューデリーまで列車で行き、日本大使館に行く。デリーにある警察署の宿舎にドミトリー部屋があってそこに泊まらせてもらう。その場に

バーで野宿のことを心配していた

いた警察官に気に入られて可愛がられる。更にそこの警察官の出身の村に連れていかれ、日本人が珍しいと大歓迎される。その後、俺が到着する前日にニューデリーの俺の宿に行き、借りていた500ルピーを宿のオーナーに預けておいた。ネコババされるのが心配だが、証拠写真を撮って俺に送ってきた。

それなりに楽しんでいた様子の野宿だが、帰国当日に不思議なことが起こってしまう。奴のフライトは夕方だったのだが、日本大使館から午前中に連絡が入り、どうやら失くした財布が見つかったとのこと。野宿が駆け付けると財布があり、日本円、インドルピーが合計30万円分抜かれていたものの、クレジットカード3枚、パスポートが戻ってきたのだ。これは一体、どういうことなのだ？　謎過ぎるではないか。

もし拾った人が警察に届けたとして、なんで30万円分盗っただけで全額盗まなかったのか？

なんでバラナシにあったものが、ニューデリーまで届けられるのか？

考えられるのは、列車内で誰かが拾う。その人は全部盗もうと思ったが、パスポートを見て外国人が困っていると自責の念に駆られ、30万円分だけ抜いて財布を捨てたら善良な市民がバラナシの警察署に届けた。警察は事情を理解してニューデリーの日本大使館に届ける。だが、なぜそこまでに1週間も時間がかかるのだ？

何かが根本的におかしい気がする。財布が戻ってきた野宿は大使館員や警察官に事情を聞いていないようだ。証拠は全くないし、これを読んだ野宿は怒るかもしれないが、勝手な俺の憶測として、バラナシの警察がもしかして一枚噛んでいるのかもしれない。安月給の警察官が野宿になぜ飯をどんどん奢り、金を恵んでくれたのか？　そして警察官二人も同行して列車に乗せてもらう。その費用って、警察署の経費？　それとも警官たちのカンパ？　そして最後の最後で財布が見つかって、全額戻ったら奇跡で、全て盗られていたら、まあ、そりゃそうだろうなと考えるところだが、中途半端に30万円分。

最初に野宿が訪れたバラナシ警察で、紛失証明書をもらうだけなのにかなり時間がかかっていたのが何かひっかかる。たぶんその段階でバラナシ警察に財布がそのまま届けられていて、責任者は金をネコババすることを思いつく。でも国際問題にもなるかもしれないし、若い旅行者がかわいそうだ。そうだ、30万円分をこの事実を知る人たちで山分けして、最後に残りを返してやろう。たぶん五人ぐらいがこの事実を知り、彼らだけの秘密にする。まず野宿に飯を食わせ、お金もあげる。三人分の列車賃及び、警察官二人の出張費は責任者が負担する。デリーに着いたらそのまま日本大使館に連れて行き、手続きを手伝い、デリーの警察署に事情を説明して預けてもらう。帰国まで心配なので金を少しあげて、同行していた二人はバラナシに帰る。事情の知らないデリーの警察官たちは同情と珍しさから野宿を可愛がる。帰国当日の朝に協力者が日本大使館に財布を届ける。

インドを知る人なら、この筋書きが本当でも驚かないだろう。

勝手なことを書いてしまって反発があるかもしれないが、とにかく野宿にとってインドの旅は一生忘れられないものになったことは間違いないだろう。

俺の心配をよそに、二人の警察官とニューデリーに列車で移動中の野宿。なんか楽しそうなんだけど……

旅人が憧れるガンガー

数多くあるインドの聖地の中でもバラナシが重要視されるのは、シヴァ神に愛されているこの聖地で死ねば、そのまま解脱が得られるという信仰に支えられているからだ。このように宗教的背景に支えられているバラナシは大昔から多くの巡礼者を引き付けてきて、年間100万人の巡礼者が来るという。

中心の場所にあるダシャーシュワメード・ガートを歩いて目指す。ガートとは「沐浴場」を意味し、聖なるガンガーへ向かって階段状に続いている。到着したが、多くの巡礼者や観光客がいてにぎわっている。

さっそくボートの勧誘や怪しい奴が寄ってくるので適当に断る。ガートは全部で84あるらしく、全部見て周るこ

迫力満点のガンガー。多くの旅人がここを目指す

とはしないが、歩いているうちに次のガートに着いてしまう。24時間煙が絶えないマニカルニカー・ガートに近づいてみる。遺体を焼いているのでその近親者が集まり、観光客も見学している。近づくと怪しい奴がやってきて言う。

「ここからは入場料を払え。500ルピーだ」

こいつは何を言っているのだ。無視していたがしつこいので「見たくないから結構だ」と返す。その男は観光客がいると近づいて何やら金を取ろうとしている。噂には聞いていたが、この男が頭にきて仕方なかった。遠くから火葬場を見てみるが小さすぎてわからないし、近づくと怪しい奴がいるし、もうどうでもよくなってくる。

ハリシュチャンドラ・ガートの方が火葬をゆっくり見られるらしいのでそこに向かってみる。ふらふら歩き始めたが、外国人観光客はシーズン中でないからか凄く少ない。階段で休憩していると変な奴が少し離れた場所から俺を伺っている。詐欺師だろう。その男は俺の後方からネコ科の猛獣みたいにゆっくりと近づき、隣に座ろうとしてきたので、俺は立ち上がってそいつを無視して歩き出した。そうすると、今度は変なオッサンが日本語で「なに見に行くの？　お土産買わない？　ガイドするよ」と一気にまくし立ててきたが、完全に無視すると行ってしまう。この詐欺師たちのパターンは仲良くなってお土産屋、マッサージ店、旅行会社などに連れて行き、法外な金を請求し、旅行者を騙してくることだ。とにかく昔からトラブルが絶えない。基本、奴らは完全に無視すれば大丈夫だ。

次に若い男二人組がやってきて何やら言ってきたが、これも無視。頼むから俺に話しかけるなよ、ウザいから。すると日本語が聞こえてくる。声のする方向を見ると、色白の若い日本人女性がシャーマンみたいな男と胡散臭そうなお土産屋の奴に挟まれて笑いながら話している。騙されてなければいいけど、心配してもきりがない。

詐欺師たち、消えてくれ！

その10分後、その二人組は俺の方にやってきて日本語で話しかけてきたがこれも完全に無視。こいつらと話してもロクなことがなく、腹が立つから俺が無視しているだけなので、話したい人や、交流したい人は（その先に災いがある可能性が大きいが）質問に答えればよい。こっちは無視して相手に悪いとか、相手にそう思われるとかは一切考えない、ここはインドなのだ。

焼かれる遺体と、それを見せる人たち

ダシャーシュワメード・ガートが見えてきた。オレンジ色の布に包まれた遺体が家族、親類に抱えられながらやってきて、薪を組んで火をつけられる。遺灰がガンガーに流されれば輪廻からの解脱を得るという。俺は高台から見ていて、そこにはロシア人の男女四名もいた。するといきなり俺たち五人に向かってサングラスをかけた、いかにも胡散臭い男が英語で勝手にガイドを開始する。

「この遺体は毎日〜」

「もう知ってるから」とロシア女が凄いスピードで返す。

自称ガイドを近くから見るが詐欺師の匂いがプンプンし、かつてコルカタで揉めた男と

似ていることを思い出した。奴は言う。「ガイドをしたいのだけれど、どうですか?」「私たちは必要ない」とロシア人グループは強い口調で返す。俺に対しても言ってきたが「必要ないです」とはっきり伝えると、どこかに行ってしまった。

観光客が高台に集まる↓死体が焼かれる瞬間↓勝手にガイドを始める↓観光客は勝手に聞いているだけ↓ガイドしたのだから金をくれ↓頼んだ覚えはない↓僕も一生懸命説明して少しは聞いていたでしょ? だから少し気持ちだけチップをくれ。きっとこの自称ガイドはそのパターンで無垢な観光客から金を巻き上げているのだろう。だが、相手が俺とロシア人四人とはいろんな意味で当てが外れたに違いない。

遺体が焼かれ始めた。亡くなっても燃やしてもらえるだけマシなようで、火葬できない人も大勢いる。火葬場ではしきたりがあるようで、子供、妊婦、事故に遭った人、蛇に噛まれて死んだ人などは火葬されずにそのままガンガーに流されるようだ。

金品を盗る人

火葬の費用は2500ルピー(約4500円)ほどで、お金のない人は十分な薪が買えず、その場合、遺体を焼き尽くすことが出来ないので灰にならない状態でガンガーに流される。火葬場のすぐ近くでは子供たちが楽しそうに泳いでいる姿を見ていると何がなんだかわからなくなる。きっと大昔からの姿なのだろう。

うん？　火葬場の近くで四、五人の男たちが水に入り、ザルを使って泥を掬い、何かを探している。インドでは金持ちなどが遺体を焼かれる際に貴金属や宝飾類を身に着けたまま焼かれるケースが多い。山盛りに積まれた灰をスコップで一旦、水中に入れて、それをザルで掬って〝宝〟を探している。俺はかつて中米・グァテマラにあるスラム近くの川を取材していた時のことを思い出す。その界隈は身元不明の遺体を警察が白い布で包んでそのまま上流か

彼らは金目の物を拾っているが、みんな、目つきが鋭かった

ら流すそうで、その遺体には貴金属や宝飾類が付いている場合が多く、スラムの住民は宝探しのように水に入って探していたのだ。

この行為を遺族が見たらどのような感情を抱くのかと思っていたが、遺体が灰になるまで時間がかかり、終わったら遺族は帰ってしまうので、こんなことをやっているなんて知らないはずだ。聖なるガンガーに灰が流され、宝石などが彼ら「ハンター」にネコババされてどこかに売られてしまうのだ。これも大昔からある〝伝統〟なのかもしれない。

ガンガーの汚れ

この日はガンジス川に行って、ボートで対岸まで渡ることにした。午前中からかなり暑いのもあり、泳いでいる人が多い。着替え用の更衣室があるが、男はボクサーパンツを海パン代わりにしている。旅人の友人によれば、昔は白のブリーフ姿で泳ぐ人が大勢いて、水から出ると透けて男根の形がくっきり出ていて笑うのを我慢するのが大変だったようだ。

ヒンディーの信仰によればガンガーの水で沐浴すれば全ての罪は清められる。ヒンドゥー教徒にとっては最高の幸福のようだが、若者たちは暑さしのぎで楽しんでいるようにしか見えない。俺も泳ぎたい衝動に少し駆られたが、危険なので止めておいた。長旅をしている旅人や知り合いがガンガーで泳いだ翌日から腹痛や下痢などになり、病院に入院した者までいるのだ。もし倒れたらかなり面倒なことになってしまうし、貴重品なども心配なのでここは自重した。

地元の人は免疫があるからいいとして、外国人が沐浴すると口や肛門、傷などからバイ菌が入り、普通の人は最低お腹を壊してしまうだろう。腹痛だけで済めばまだいいが、腸チフスやコレラなど様々な感染症にかかるリスクがあるので沐浴したい人は自己責任でやればいい。

ガンジス川は世界の中でも最も汚い川とされ、大腸菌は基準値の10倍ほど検出されている。人間のトイレにもなっているし、牛も糞尿を垂れ流しているから当然だ。

ガンジス川の汚染が酷いのは下水道が整備されていないことも原因で、汚染水というのは普通だったら下水処理場に行くが、そこを通らないで直接川に流入している。そしてゴミもそのまま捨てられているし、工場の廃棄物や排水も垂れ流して捨てられているようなので、聖なるガンガーはとんでもなく汚い川だ。

街にあるマクドナルドでバラナシ在住の若い女性と話す機会があった。地元の人はみんな、ガンジス川で泳いだことがあると思っていた俺は「あなたもガンガーで泳ぐのですか？」と尋ねると、彼女は言った。

「あんなに汚い川では泳いだことないし、それに私はキリスト教徒よ」

ガンガーの対岸

「ボートに乗らないか？」

男にそう声をかけられる。

「いくら？」

「一人のプライベートなら1000ルピーで、大勢で行く場合は600ルピーだ」

対岸に行って戻るだけで1000ルピーは高いが、団体が乗っている大きなボートを見ると全員インド人だ。彼らは対岸で皆泳ぐのだろう。そうなると彼らが満足するまで俺は待っていないといけない。めちゃくちゃ暑いし、自分のペースを崩したくないのでプライベート・ボートを頼むことにした。

ボートは動き出したが手漕ぎでゆっくりと進んでいく。水面から街を見ると、なるほど美しく、街とガートが一体になっている姿は格好いい。このような景色は今まで見たことないし、感動する。
対岸に着く。砂漠がずっと先まで広がっているが、雨季にはこの場所は消えてしまうそうだ。ラクダに乗せる商売人がいて「ラクダに乗らないか？」「いや、乗らない」の攻防が始まる。かつてエジプト・ギザのピラミッドにもラクダ乗りがやたらとしつこく追ってきて、なにを言っても引き下がらなかったのだが「俺はラクダが嫌いだ」と言うと「そうか、それなら仕方ない」と言って、それまでしつこかった客引きはあっさり去ってしまったことがある。今回もそのようなしつこい奴が多く、砂漠の中まで歩いて行こうとすると声をかけてくるので、それ以上歩くのが嫌になってくる。そもそもバラナシのこんな砂漠でラクダに乗る奴なんているのかよと思っていたが、インド人観光客は楽しそうに乗っているではないか。それにしてもラクダの客引きがウザいので「俺はラクダが嫌いだ」と言ってみると
「あ、そうか。それは仕方ないね」と、エジプトと同じパターンで簡単に退散してしまった。

一通り見たが暑くて仕方ない。犬も気持ち良さそうに水に体を入れて涼んでいる。ボートがたくさん停められ、大勢のインド人が川で楽しそうに泳いでいる。彼らは俺に手を振ってきてフレンドリーだ。話しかけると、旅行者のようで「ガンガーで泳ぐのは夢だったんだよ」と嬉しそうに言う。

俺はボートに乗って、泳ぐ彼らの横を通ってこの場を後にした。

旅立ちの前

バラナシ最後の夜はいつも行くバーを訪れる。スタッフも顔見知りで落ち着く。20分ぐらい経つと、日本人三人組のバックパッカーが入ってきて大声で話してスタッフに注意されている。酒も飲めるし、知り合った人と話せることが嬉しくてつい興奮して大声になっ

対岸で水浴びをしている人々

てしまったのだろう。気持ちはわかる。彼らはかなりボロボロの服を着ていて気合が入っている。最近のSNSにはキラキラ系の旅行者が目立つが、昔風の日本人バックパッカーもまだいるのだと思って少し嬉しくなった。俺は会計の後、最後の夜だし……とウエイターにチップを弾むと喜んでいる。

移動当日になった。バラナシからニューデリーに行けばインド一周の旅は完了で、列車に乗るのも最後になる。出発時刻は15時12分なので13時半まで宿で時間を潰して駅に向かう。仲良くなった宿のスタッフと別れの挨拶をして宿から出ると、通常だったらオートリキシャの男たちが寄ってきて「どこまでだ?」と、うるさいほど言ってくるのだが、この時はなぜだかいない。

今思えば、俺の性格からして何が起こるかわからないからと早めに駅に向かうはずだ。それなのになぜかこの時は列車旅の慣れからか、13時半に出たのだ。そこから全てがオカシクなってしまった。

リキシャのワナ

「どこまで行くんだね?」

見るとサイクルリキシャの男だった。速度は遅いし、荷物を持っているのでバランスが悪い、それでいてそれほど安いわけではないのでサイクルリキシャは使いたくない。通常だったら断ってオートリキシャを探すのだが、なぜか「旅の最後だし、まあいいか」と、乗り込むことにした。

「どこまで?」

「バラナシ・ジャンクション駅まで」

「バラナシ・ジャンクション? OK」

バラナシには複数の駅があるのでしつこく確認しないといけないのだが、行き先はしっかり伝えたし、ずっとこのあたりで仕事をしている運転手が間違えるわけがない。

今回の旅で初めてサイクルリキシャに乗ったがスピードは遅いし、案の定、荷物のためバランスが悪く、さらにスペースが狭くて居心地は良くない。かなり気温が高いのだが、この男は自転車が停まるたびに水を飲み、汗をタオルで拭いている。凄い肉体労働だなと感心してしまう。

最後の列車旅になるわけだし、ノンビリと景色を眺めながら移動する。この街ともお別れか、もう俺の人生で来ることないかなと、いろんなことを考える。いつもだったらスマホのマップで正確に目的地に進んでいるかチェックするのだが、少し感傷的になっていたのか、気を抜いていて何も考えていなかった。

「ここがバラナシ・ジャンクション駅だよ」

運転手がそう言うので金を払って駅舎まで歩くが、何か違和感がある。バラナシに到着した時にも来ているはずだが、違う駅のような気がする。だがインドの駅は巨大で、入口も何カ所もあるので来た時とは反対側に到着したんだなと思っていた。現にオールドデリー駅でも同じような経験があったからだ。

中に入るが、俺の乗る予定の列車の表示が出ていない。なにか少し嫌な予感がしてガイドブックやスマホのマップで確認するが、駅の場所は間違えていないように思う。

しばらくホームで待っていると、地元の若い男に何かを尋ねられたが、彼は英語を話せないらしく断念。なんでインド人が外国人に話しかけてくるのか不思議で仕方ない。

最悪の展開

14時半。表示はまだ出ない。アプリを見ると、列車は5分遅れの15時17分着のようだ。列車の数日間の運行状況を調べていたのだが、3日前が6時間遅れ、2日前が1時間半の遅れ、前日は3時間遅れと、定刻に来ないのが常のようだが、今日に限ってちゃんと来るようだ。俺はアプリに書かれている4番ホームに行ってみると、長い車両の列車が停まっている。だが俺の乗る列車ではない。ホームを歩き、階段を登って反対の改札の方に行ってみる。人はガラガラでニューデリー行きの最新式の座席型の特急が停まっている。反対の改札の電光掲示板にも俺の乗る列車の表示は出ていない。

俺は駅から出てみるが、行きに降りた場所とは違うような気がする。これは明らかにオカシイと気が付いていたが、ここで確証バイアス（思い込みや願望を肯定する情報ばかりに目が行き、そうではない情報は無視あるいは軽視してしまう傾向のこと）がかかっていたのか、サイクルリキシャの人が降りるときに「バラナシ・ジャンクション駅だよ」と言ったのを信じきり、俺が記憶違いをしていて、行きにも見ている光景に違いないと、頭の中で変換させたのかもしれない。不思議な現象だった。駅係員はそこにはいないので、もう一度4番ホームの方の様子を見るが、15時15分になっても列車は到着しないし、表示も出ない。運行状況をアプリで見ても列車は動いているようだし、もうわけがわからない。到着する予定の駅で俺は待っているのだ。するとインフォメーションのマークを見つけた。そこには暇そうな男女のスタッフがいた。俺は自分のチケットを見せて

「困っています。俺が乗る予定の列車なのですが、どこのホームに行けばいいのですか？　教えて下さい」

そう言うと、二人はチケットをじっと見ながら言う。

「駅が違うよ」

「は？　ここはバラナシ・ジャンクション駅でしょ？」

「それは3キロ先の駅で、ここは『バラナシ駅』だ」

あ！　ここでようやく、現実を理解した。くそ、あのサイクルリキシャの男はなにやってんだ！

「もう間に合わないですよね？」

時刻は15時20分。女性のスタッフが時計と運行状況を打ち込んでいる。

「ギリギリかもしれないけど、3キロぐらいだから。すぐにオートリキシャに乗って行きなさい。さあ、急いで」

俺は走って駅舎を出る。オートリキシャが客を乗せてちょうど出たところだった。ついてない。外に出て停まっているリキシャに行先を告げると

「300だ！」

この野郎、どう考えても100か、多くとも150だろ！　交渉すればどうにかなるが、そんな時間はない。なんでこんな時にボッてくるのか。腹が立ったがもう仕方ない。

「わかった。その代わり、急いで行ってくれ」

運転手は嬉しそうに頷いた。そりゃそうだ。相手にとって俺はカモだ。でもそんなことは言ってられない。時刻は見るともう15時28分。駅に到着しても列車は行った後だろうし、早くもいろんな後悔と反省をする。もう乗れないだろうから、これからどうするか。まずスマホで今日の宿の予約をして、部屋に入ったらニューデリーまでの飛行機を取らないといけない。あ〜あ、なんというミスをしてしまったのか。

それはないだろ

オートリキシャがバラナシ・ジャンクション駅に到着した。そうだ、ここだよな。確かに見覚えがある。ここから野宿と宿まで向かったことを完全に思い出す。俺は何をやっているのだと、激しい後悔が襲ってきた。とりあえず、俺は到着して金を払ったらダッシュしてホームまで走ろうと思っていたのだが、駅前は通行禁止のようで、少し離れたところにオートリキシャは停まる。

なんでこんな場所なんだよ！　ツイていない。このパターンだと、きっと列車は既に出発しているな……と、俺はここで諦めてしまった。300ルピーを運転手に渡すと嬉しそうだ。駅正面にある電光掲示板を見ると4番ホームと書かれている。でも列車が行った後でもしばらくは表示されているものだ。俺は階段を登って4番線に入ると、人が大勢いる。次の列車を待っているのだろう。うん？　列車がゆっくり動いているではないか。

あ、これって、俺の乗る列車じゃないか。まだ出発していなかったのだ！　俺はついているかもしれない。なんと、ちょうど到着したところみたいだ。夢のような展開。向かおうとしたが列車まで少し距離があるし、人が大勢いるので通りにくい。

だが安心したのも束の間、は？　これは……停まるんじゃなくて、出発してんじゃないかよ！！！

俺は慌てて列車に飛び乗ろうと思ったが、スピードが上がっている。荷物があるし、下手すれば大怪我してしまう。俺の乗る予定の1Bという車両が向かってくる。よし、一か八かだ、飛び乗るしかない！　すると入口に車掌みたいな人がいて、俺がジェスチャーと口で「これから乗るよ！」と伝えると手で×をされ、「ふざけんな、危ないだろ！」と怒鳴られて拒否されてしまった（おそらく）。

無情にも加速する列車はどんどん遠ざかり、見えなくなるまで俺はホームで立ち尽くしていた。激しい絶望感と後悔、そして悪い巡り合わせと運の無さ。油断。自分の無能さ。全てが嫌になってくる。

とにかく落ち着こう。俺は深呼吸をして水を飲む。暑さの中を走ったので汗が滝のように流れる。とりあえず今日の宿をスマホで予約する。そんな時でもウザい奴は現れる。

「ミスター～ようこそバラナシへ。なにか困ったことはないかい？」

反省と分析

俺の長い旅歴でもここまで後悔する失敗をやらかしたことはない。実はこの詳細はここで発表するのが初めてだ。通常、帰国後にどこかで話したりするのだが、傷口に塩を塗るというか、自分自身がツラくなってくるので話せなかった。だが、反省と分析はしたいと思っている。

1．ルーティンを守らなかった

通常、何があるかわからないので駅には早めに到着して待合室などで待機するのがルーティンだった。もちろん直前まで用事がある場合や観光したい時は別だが、今回の旅は早めに着くようにしていた。15時12分発なのだから13時半に宿を出る。間違えてはいないが、いつもの俺だったら12時半〜13時には出ているだろう。万が一、今回みたいになっても気が付く時間が増える。俺は何度も列車に乗っていたので用心深さが消えていた。普通の国ならそれで問題ないが、繰り返すが、ここはインドなのだ。

2. 普段なら断る乗り物を使用

なぜ宿の前からサイクルリキシャなんて使ったのだろう。普段いるはずのオートリキシャがなぜかこの時にいなかったが、少し歩けばいくらでも捕まるのに「最後の列車の旅なのだから、こういうのもいいだろう」と思って断ることもなく乗ってしまった。

3. 確認しない

普段だったらバラナシに大きな駅が複数あるのを知っていたから運転手にしっかり確認し、チケットを見せるなり、スマホのマップで「ここまで」としつこく伝えるのに、この時は「バラナシ・ジャンクションまで」と伝えただけだった。運転手は「バラナシ・ジャンクション？　ＯＫ」と言ったし、誰でも知っている駅なので何も疑わなかった。更に降りる際にも運転手は自信満々で「バラナシ・ジャンクション駅だよ」と言ってきたので、信じてしまったが、正直なにがなんだかわからない。

4. 確証バイアス

振り返ると駅は大きかったけど、乗客はバラナシのメイン駅にしては少ないと思った。それに待合室も閉鎖されていた。今回の旅でもたくさん駅舎を見てきたのになぜそこでオカシイと思わなかったのか。駅の場所をガイドブックやスマホのマップでその時に確認したが、「バラナシ駅」を「バラナシ・ジャンクション駅」と思い込んでいた。これは自分が列車をいろんな街から乗ってきて慣れていて慢心していたことと、サイクルリキシャの人の「ここだ」という言葉を信じ、間違えているわけないと思ってしまった。そして頭の中で「自分がこんなミスをするわけない」と、全ての不審な点を自動的に否定してしまったようだ。

5. なぜ人に聞かない

通常なら人に聞いたり、駅員を探すが、それもしないで自分で解決しようとした。理由はわからないがこれが一番の失敗だ。

最後にインフォメーションで聞いたのも駅の反対側を見てからだし遅すぎた。

6. ツキがない

列車の運行状況は前述したように3日間、毎日当たり前のように遅延していた。今回も遅れていれば余裕で間に合ったが、その日はなぜか15分ぐらいしか遅れていない。なんでそうなるの？

7. 諦めたらダメだ

ここはインド。普通の国とは違う。もう列車が行ったと諦めないで、バラナシ・ジャンクション駅に着いた時にもっと急げば良かった。そして列車を見たときにも安心しないで走る。そうすれば乗り込めたはずだ。飛び乗ろうと思ったときに車掌みたいな人に怒ったように両手をクロスして×されたが、その表情を思い出すとトラウマになってしまう。

なんだか、最初から見えないものの働きで俺を列車には絶対に乗せないようにと仕組まれたんじゃないかという感覚になってしまった。

立ち直りたい

放心状態のまま、とりあえず宿に到着したが、仲良くなったスタッフと顔を合わせるのが少し気まずい。チェックインは見たことのない人が対応するが、「あれ？　君は今日まで泊まってなかった？」と言われる。正直に言う余裕は俺にはない。

「あのですね、参りましたよ。列車がキャンセルになってしまって、明日の飛行機でニューデリーまで行きます」

咄嗟に嘘を言ってしまう。

部屋に入りニューデリーまでのチケットを購入した。2万円だが要らない出費だし、列車の旅なのにまた乗れないとは、どうするんだよ、この企画は！　チェンナイ〜コルカタ間はインド鉄道が悪いのでこっちには非が全くないが、今回は俺のミスで乗れなかったのだ。ニューデリーまで戻ればインド一周旅はとにかく終了だが、精神的に病んでしまったので早く立ち直らないといけない。時間も19時を過ぎたのでバーにでも行って気分転換しよう。外を見ると、不気味な雲が漂い、天気予報では大雨が降るようなことがスマホにも表示されているので折り畳み傘を持っていく。

宿を出ると相変わらず人が大勢いる。しかも前の道が工事をやっているようで、巨大な穴が出来ていて歩きにくい。

バーに入ってビールを頼み、適当に食べ物を頼んだ。俺はアルコールを体に入れたらさらに落ち込み、知り合いの編集者や作家の友人に愚痴を伝える。皆、こんな俺にも優しい。ある人の「嵐さん。読者は著者の失敗や、何かに巻き込まれた話が一番受けるし面白いはずなので、それを書いて喜んでもらえばいいじゃないですか」との言葉は俺を救ってくれた。頭を切り替えよう。こんな話で喜んでくれたら幸いだ。

嵐、奈落に落ちる

バーで料理を食べ、ビール大瓶を二本飲んだ。そろそろ帰ろうと思ったが、30分前から激しく降る雨の音が外から聞こえるのが気になる。顔見知りのウエイターがやってきて「会計するの？　今、外はスコールで大変だよ」と言う。見に行くと目では追えないぐらいの激しい雨が凄い音をたて、更に雷も鳴っている。外に出られないので俺は席に戻ってウイスキーを注文する。嫌なことがあったのでやけ酒でもある。

1時間後、ウイスキーを二杯飲んで、そろそろどうかと外の様子を見に行った。雨は降っているが、傘をさせば大丈夫だろう。

会計をして外に出るが、市民は雨など気にしない素振りで歩いている。俺も邪魔になった傘をしまう。そして宿の前を通る道に曲がろうとすると……なんと、大洪水になっているじゃないか！　ちょうど道が坂になっていて排水も追いつかず、激しい水が荒れ狂う川のように流れている。さて、どうするか？　宿に戻るにはこの道を行くしかない。足元が全く見えないが、三人ぐらいの人が歩いていたので酔った勢いもあるし俺も進むことにした。俺は短パンとサンダル姿だし、貴重品袋とカメラを持ってきていないのは幸いだ。俺は写真と動画で撮影し、酔っているのも手伝って楽しくなっていた。あと10メートル先を左に曲がれば宿に着く。もうすぐだ。

俺の前を歩いている男がいたのだが、調子に乗って「遅いな」と思って、俺はその男の左側に行って追い抜こうとした。その時だ、建物の上にいる男が俺に対して大声で何かを叫んだ。その瞬間、

「うわ〜」ズボ、ズボ、ゴワ〜〜

俺は穴に落ちて、沈んだ……。

ガンジス川に匹敵するくらい汚い水。下水道、ネズミの死骸、人糞、牛の糞など、バイ菌だらけの水を頭まで被ったのだ。俺は何がなんだかわからないが、本能的にこれはヤバいと感じ、上に這い上がると横にいた人が手をとって助けてくれた。助け出された俺がまず感じたことは恥ずかしさだった。周りの人が見ていて、心配の声をかけてくれた人もいたが、大笑いの声が聞こえ、スマホで撮影している人もいる。俺は大したことないよという何食わぬ顔をして宿に戻った。

とりあえず、シャワーを浴びて体を綺麗にしてから身の回りのチェックをする。スマホは防水なので問題なし。財布は札が濡れたので乾かす。それにしても不幸中の幸いではないが、スマホを出していたら水没して、紛失していただろう。その中に明日の飛行機のチ

道を曲がると洪水になっていた

ケットも入っている。インドの空港はチケットを提示しないと中に入れてくれないのでトラブルになるし、いつものように貴重品袋を持っていたら現金とパスポートは濡れて大変すぎて想像もしたくない。短パンとTシャツは下水の匂いがしている。翌朝に移動だし、とにかくそのまま部屋で乾かす。

一番心配なのは、もともと足に切り傷が二カ所あったことだ。全然完治していなかったのだが、汚水が傷口に入っているはずなので変な病気になる危険がある。だが俺には消毒液をかけることしか出来ない。

ベッドに横になるが、一体、今日はどんな日だ！　頭の中で整理がつかない。列車に乗り遅れただけでなく、そのせいで洪水の穴に落ちてしまったのだ。なんか情けなくて涙が出てきた。

100ルピー札を乾かす

第十章

そしてゴール　ニューデリー

ニューデリー到着

飛行機でニューデリーに到着した。わずか1時間半のフライトで値段は2万円。時間が短縮できるし、面倒くささやトラブルのことを考えれば、世界一周している節約型のバックパッカーや時間をもてあましている学生以外は飛行機の方が楽だと思うが、インドらしさを堪能したいのならやはり列車がいいだろう。俺のインド一周はニューデリーの宿について終了になるが、バラナシの列車乗り遅れの失敗が悔しくて仕方ない。

空港から宿まではプリペイド・タクシーを使おうと思っていた。少し高そうなタクシー会社のカウンターに行くと、750ルピーだという。「カードで払いますか?」と言われるが、ルピーがかなり余っているので「現金」と伝える。俺は500ルピー札しか持っていないが「支払いは到着後に運転手に直接渡して下さい」とのことだ。ちゃんとしたタクシー会社だし、お釣りぐらいは持っているだろう。さして気にしなかった。

車は街中に入るが、景色がなんとも懐かしい。約1か月ぶりに戻ってもこのように感じるものなのか。メインバザールの近くまで来ると、凄い渋滞が始まった。運転手はかなり紳士の良い人で、インドもかなり変わったなと思っていたのだが、その彼が言う。

「渋滞が酷くてしばらく車は動かないと思うよ。自分の宿の場所はわかるの？」

「前に泊まっているから知っているよ」

「ここで降りて歩いて行った方がいいと思うよ」

確かにそうした方がいいかもしれない。メインバザールは一方通行になっている箇所もあるので、ここで降りてもそれほど変わらない。料金は７５０ルピーなので、５００ルピー札を2枚渡す。50ルピーをチップであげようと思っていた。

「ごめんなさい。お釣りがないです。困ったな〜」

本当に困っているようだがそれはダメだ。

「空港からのタクシーが釣りを用意しないとダメだと思うよ」

「すいません。通常、持っているのですが今日、あなたが最初の客だったのですよ」

謝るなんて珍しい。インド人は何があっても私は悪くないと、非を認める人はほとんどいない。なぜなら非を認めた瞬間に事態はより悪い方に向かっていくと本気で考えているからだ。これは中国や、訴訟問題が多いアメリカでも同じだと思うが、もしかしたら世界ではこのような考えが主流なのかもしれない。なので、自分を守るために無理やりな理由を作ってでも相手の非をついて、むしろ自分が被害者だと開き直るのが特徴で、インド駐在の人がこの態度に悩まされる。この運転手はその意味でも珍しいが、本当はお釣りを持っているのにわざと言っているパターンもある。インド人は「とりあえずダメもとでも言ってみる。それでOKだったらラッキー」と考えているからだ。

この運転手はどうなのか？　確認してみよう。俺は言う。

「普通はお釣りがあるものだろ。タクシー会社の責任でもあるね」

「すいません、本当にいつもはあるのですが、あなたが今日、初めての客で釣りがないのです」

普通の人でも自分の財布には200ルピーぐらいは入っているはずだ。

「じゃあ、500ルピーを両替するか、なにか買ってきてくずしてよ」

男は車を端に停め、屋台の人に聞きまくって努力している。そして戻ってきて「無理です、どこもやってくれません」と言う。

おそらく男の頭の中では「500ルピーをデポジットで渡すので、ホテルで両替してからまた戻ってくるので待ってろ」と俺に言われることを予想していたかもしれない。俺は言う。

「もう1000ルピーでいいよ。釣りはチップでいいよ」

彼の目は輝き、信じられないという表情をして喜んでいる。普通、インド人はこのような場合、感情を表さないでイエスの表現で首を横にチョコチョコと振る動作をするものだがそれをしないところに好意が持てる。

「本当ですか？　ありがとうございます」

「その代わり、あそこの水溜りがない場所に停めてくれ。それと荷物を出すのを手伝って」

「もちろんです」

俺はリュックを持ってゴールに向かう。

ゴール

メインバザールを進む。1か月前は40℃ぐらいあった気温が雨季に入ったらしく30℃ぐらいしかなく、涼しく感じる。ウザい奴が「旅行会社はここにあるよ」「何かお探し物でも？」「日本人？」などと、次から次へと話しかけてくるのは変わらない。あれほど嫌だったのに、なにか本拠地に戻ってきたような、少し安心した気持ちになってくるから変なものだ。しばらくすると、トイレの強烈な匂いがしてくる。そう、ここの角を曲がる合図だ。レストランの前では「モグラ」が知り合いとチャイを飲みながら雑談している。見慣れた光景。俺と目が合い、俺が手をあげて「久しぶり、覚えてる？」と言うとしばらく見つめ

「お〜戻ってきたんだね。もちろん覚えているよ。もう一人の男は？」

「日本に帰ったよ」

しばらく雑談をして、ホテルの受付に入る。オーナーがいて俺を見て笑いながら

「おかえりなさい」と言う。

俺がチェックインを済ませて荷物を持って部屋に移動しようとするとオーナーが言う。

「あ！　これ、忘れてた。君の友達から預かっているものだから返すね」

俺はすっかり忘れていたのだが、それは野宿に貸していた「５００ルピー札」だった。

あとがき

「インドの旅はツラそうだったね」

俺のツイッター（X）などを見ていた友人、知人に帰国後にそう言われた。帰国前にバンコクに寄ったのだが、日本食は食べられる、酒は自由に飲める、秩序もあるし、天国のように感じたのは事実で、楽しくて仕方なかった。

インドではツラいことや嫌なことも多かったが、「旅を楽しめましたか？」の質問には自信を持ってイエスと答えられると思う。確かに帰国したばかりの時はインドの話をしたくなかったし、インド料理も思い出したくないだけでなく、旅の間よく食べていたチャーハンも拒否するようになっていたのだが、少し時間が経つと、この時代にこれほどまでに刺激的な国はほとんどないだろうし、常にいろんなことを考えさせられたので、行って良かったと感じられるようになった。

インド旅は面白いと言えばそうなのだ。「また行きたいですか?」と聞かれたら、しばらく行きたくはないけど、時間が経てばまた行きたくなるだろうと答える不思議な場所だ。

帰国した三人の仲間は全員「インドは楽しかったです」と言う。野宿はどのような意味で楽しかったのかはわからないが、これだけは言える。昔からインドにハマる人や好きな人がある程度いるから、旅先のインドへの注目度や存在感が衰えないのだ。これを読んでいる人の中には俺のようにかつてインドに行き「インドなんかもう二度と行かない」「大っ嫌い」と思って、それ以来訪れたことがない人もいるかもしれない。しかし、実際行くと昔との違いを感じられて面白いし、インド人の優しさを知り、若い時に勘違いしていたことに気づき、その頃の自分の感情や考えが塗り替えられ、よくわからない感情が入り混じって、インドが奥深いのを改めて実感する。

今回の旅での反省はやはり列車で一周出来なかったことだ。それを読みたかった人もいたかもしれないのでこの場でお詫びしたい。

旅はやはりいいものだ。インドの旅は体力と時間が必要なので、気になる人は悔いのない人生を送る為に、ぜひこの本をヒントにインドを訪れてくれたら著者として幸せだ。

2023年10月　　嵐ようい ち

［参考文献］

【文献】
地球の歩き方　インド２０２０～21　　学研プラス
インドを旅する55章　　明石書店
池上彰の世界の見方　インド　　小学館
旅の賢人たちがつくった　インド旅行最強ナビ　　辰巳出版
海外ブラックマップ　　嵐よういち　彩図社
社会指標で見る女性の状況と現実―インド、ケララ州を事例として。アジア女性交流・研究フォーラム
https://www.kfaw.or.jp/publication/pdf/ajyoken_19_Ota.pdf
世界史の窓
https://www.y-history.net/appendix/wh1002-022.html

嵐よういち（あらし・よういち）
東京都杉並区出身。
訪問国は93ヵ国。特に好きな地域は南米。
著書に『海外ブラックロードー危険度倍増版―』『海外ブラックマップ』『南米ブラックロード』『未承認国家に行ってきた』『おそロシアに行ってきた』『ウクライナに行ってきました』（いずれも彩図社）などがある。
連絡先はarashi@arashiyoichi.com
哲学―楽しくなけりゃ、人生じゃない

わたしの旅ブックス
050

インド超特急！カオス行き

2023年12月13日第1刷発行

著者――――――嵐よういち

デザイン―――――松田行正＋杉本聖士（マツダオフィス）

編集――――――及川健智（産業編集センター）

地図作成―――――山本祥子（産業編集センター）

発行所――――――株式会社産業編集センター
〒112-0011
東京都文京区千石4-39-17
TEL 03-5395-6133FAX 03-5395-5320
https://www.shc.co.jp/book

印刷・製本 ―――株式会社シナノパブリッシングプレス

ISBN978-4-86311-390-9 C0026

〈わたしの旅ブックス〉シリーズ　好評既刊

018
海外旅行なんて二度と行くかボケ!!
さくら剛
大失敗経験豊富な著者が、〝一人旅で出くわす、よくあるトラブル〟を語る抱腹絶倒の旅行記。

026
世界ヤバすぎ！危険地帯の歩き方
丸山ゴンザレス
クレイジーな好奇心が止まらない！危険地帯ジャーナリストが明かす、世界のダークサイドの歩き方。

032
歩みを止めるな！
世界の果てまで952日リヤカー奮闘記
吉田正仁
リヤカーを引いて徒歩で世界を旅してきた著者が、ついに最後の旅に出た。

033
死を喰う犬
小林みちたか
ラダックには決して怒らない人々が暮らしている――。その言葉に誘われて旅した私小説的紀行。

040
シルクロード・楼蘭探検隊
椎名誠
忘れ得ぬ旅を振り返り、当時書けなかった事実や逸話を新たに盛り込んだ探検紀行。椎名誠の旅の原点。

047
花嫁を探しに、世界一周の旅に出た
後藤隆一郎
離婚でどん底に落ちた敏腕テレビディレクターが花嫁探しの旅に出た！　抱腹絶倒・感慨無量の初著作。